# Von der Fotografie zum kleinen *Kunstwerk*

## Grundlagen, Techniken und Bildbearbeitung für **Grundschulkinder**

Stephanie Cech-Wenning

Verlag an der Ruhr

# Impressum

**Titel**
**Von der Fotografie zum kleinen Kunstwerk**
Grundlagen, Techniken und Bildbearbeitung für Grundschulkinder

**Autorin**
Stephanie Cech-Wenning

**Umschlagmotive**
Fotos: Stephanie Cech-Wenning

**Illustrationen**
Bettina Weyland

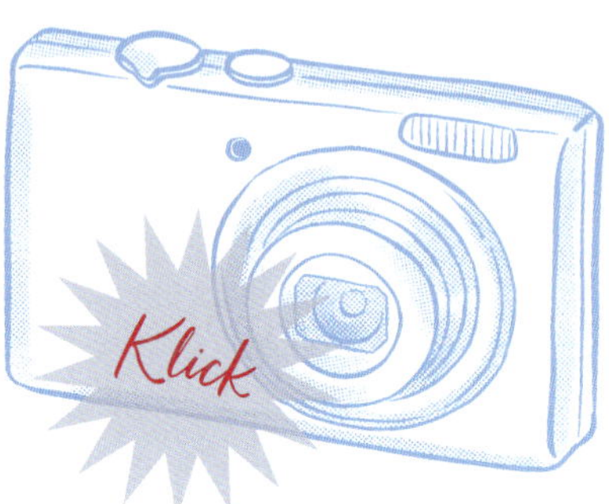


**Druck**
AZ Druck und Datentechnik GmbH, Kempten, DE

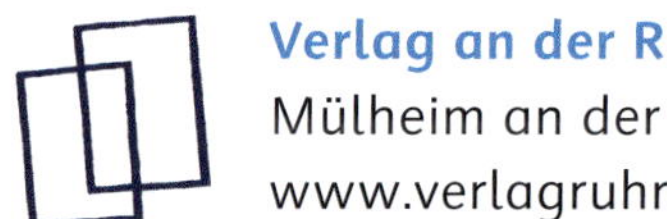

**Verlag an der Ruhr**
Mülheim an der Ruhr
www.verlagruhr.de

**Geeignet für die Klassen 1–4**


**ISBN 978-3-8346-4431-2**

# Inhaltsverzeichnis

*Vorwort* . . . . . . . . . . . . . . . . . . . . . . . . . . . . . . 4

**1. Ich werde Fotograf/Fotografin . . 11**

Fotografie – Ich weiß schon was! . . . . . . . 12
Meine Kamera . . . . . . . . . . . . . . . . . . . . . 13
Auf Motivsuche . . . . . . . . . . . . . . . . . . . 15
Welches Format passt? . . . . . . . . . . . . . . 17
Perspektive – Was ist denn das? . . . . . . . 18
Ganzes oder Detail? . . . . . . . . . . . . . . . . . 21
Der verdrehte Blick – Rund um die Perspektive . . . . . . . . . . . . . . . . . . . . . . . 23
Experimente mit dem Blitz . . . . . . . . . . . . 24

**2. Ich werde Foto-Profi . . . . . . . . . . 25**

Auf Spurensuche . . . . . . . . . . . . . . . . . . 26
Mein Lieblings-DING von allen Seiten . . . 28
Schattenfotos . . . . . . . . . . . . . . . . . . . . . . 29
Cool – Verwackelt! . . . . . . . . . . . . . . . . . 31
Serielle Fotografie . . . . . . . . . . . . . . . . . . 33
Lichtkunst-Fotos . . . . . . . . . . . . . . . . . . . 35
Wassertropfen-Fotos . . . . . . . . . . . . . . . . 37
Ein Farb-Fototrick der Werbung . . . . . . . 40
Kurze Fotodokumentationen . . . . . . . . . . 41
Ein Foto-Roman . . . . . . . . . . . . . . . . . . . . 43

**3. Ich als Foto-Modell . . . . . . . . . . 47**

Ich als Fotograf/Fotografin . . . . . . . . . . . 48
Ich kann fliegen . . . . . . . . . . . . . . . . . . . . 49
Mein Foto-Steckbrief . . . . . . . . . . . . . . . . 51
Spaß-Fotos mit Lupe . . . . . . . . . . . . . . . . 52
Porträtfotografie . . . . . . . . . . . . . . . . . . . 53
Das bin ich! Fotowürfel . . . . . . . . . . . . . . 54
Mein zweites Gesicht: Rollage . . . . . . . . . 55
Ich als Scherenschnitt . . . . . . . . . . . . . . . 58
Bewegung fotografieren . . . . . . . . . . . . . 60

**4. Trickfotografie . . . . . . . . . . . . . . . 63**

Ab in die Tasse! . . . . . . . . . . . . . . . . . . . . 64
Ab in die Tüte! . . . . . . . . . . . . . . . . . . . . . 66
Kleine Figuren ganz groß . . . . . . . . . . . . 67
Mini-Welten . . . . . . . . . . . . . . . . . . . . . . . 69

**5. Fotobearbeitung . . . . . . . . . . . . . 71**

Schnelle Fotobearbeitung . . . . . . . . . . . . 72
Fotobearbeitung mit der App „Color Effects" (für IOS®-Geräte) . . . . . . . . . . . . . 73
Fotocollagen mit der App „FotoRus" (für IOS®-Geräte) . . . . . . . . . . . . . . . . . . . 75

**6. Fertige Fotos – und dann? . . . . . 77**

Titel gesucht . . . . . . . . . . . . . . . . . . . . . . 78
Foto-Tagebuch . . . . . . . . . . . . . . . . . . . . . 79
Der Fotowürfel . . . . . . . . . . . . . . . . . . . . 82
Fotopärchen-Spiel . . . . . . . . . . . . . . . . . . 84
Foto des Tages . . . . . . . . . . . . . . . . . . . . . 86
Ideenbörse . . . . . . . . . . . . . . . . . . . . . . . . 87

**7. Vorlagen und Unterrichtshilfen . . 89**

Unsere Kamera-Regeln . . . . . . . . . . . . . . . 90
Fotografen-Ausweis . . . . . . . . . . . . . . . . . 91
Foto-Check-Karte . . . . . . . . . . . . . . . . . . . 93
Foto-Jobs . . . . . . . . . . . . . . . . . . . . . . . . . 95

*Medientipps* . . . . . . . . . . . . . . . . . . . . . . . . . 96

Klick

# Vorwort

## Fotografie

Die Fotografie beschäftigt und fasziniert uns schon seit vielen vielen Jahren. Aufgrund des technischen Fortschritts gehört sie so gut wie für jede*n von uns heute zum Alltag und bietet eine Fülle an künstlerischen Gestaltungs- und Ausdrucksmöglichkeiten. Fotos gelten über die sozialen Netzwerke als eines der wichtigsten Mitteilungsmedien unserer Zeit.
Auch Kinder kommen täglich in Kontakt mit Fotografien und fotografieren nicht selten im privaten Bereich regelmäßig selbst.
Fotografieren ist heutzutage auch kinderleicht und rasch erlernt.

Dabei ist **das Fotografieren** ein **komplexer Prozess**. Er startet mit der **Motivauswahl**. Wir entscheiden, was wir und aus welchem Grund wir es fotografieren möchten. Dann wird, manchmal bewusst – manchmal unbewusst, das **Foto inszeniert**.

Folgende Fragen bestimmen u. a. den Prozess:
- → Detail oder Ganzes?
- → Welche Perspektive nutzen wir?
- → Wie nutzen wir die Lichtverhältnisse?
- → Welchen Abstand halten wir ein?
- → Ist unser Motiv sofort erkennbar oder eher rätselhaft?

Erst dann kommt der eigentliche Akt des Abdrückens, **die Aufnahme**. Aber auch hier gibt es viele Möglichkeiten, wie das Ergebnis wird:
- → Ist der Blitz eingeschaltet?
- → Zoomt die Kamera?
- → Wie scharf stellt sie sich?
- → Wird es ein Einzelfoto oder eine Serie?

Aufgrund des technischen Fortschritts schließt sich nun unmittelbar nach der Aufnahme die **Möglichkeit der Bearbeitung** an. Die Fotos können überprüft, manipuliert, mit Kommentaren, Filtern, Smileys und vielem mehr versehen werden.
Schließlich kommt dann noch die Dokumentation/**die Archivierung**. Auch hier ergeben sich viele Möglichkeiten:
- → Wird das Foto nur im Fotoalbum gespeichert?
- → Verschicken wir es an Freunde und Freundinnen?
- → Stellen wir es ins Netz?
- → Wird es unser Profilbild?
- → Drucken wir es aus?

An jedem der genannten Punkte können wir das Fotografieren beeinflussen, optimieren und unsere Fähigkeiten erweitern.

## Fotografieren im Unterricht

- → Kinder fotografieren am Anfang sehr **spontan und intuitiv**. Ohne darüber nachzudenken, drehen sie zum Beispiel die Kamera vom Hochformat ins Querformat und umgekehrt oder knien sich beim Fotografieren hin und nutzen unbewusst die Froschperspektive.
- → Durch die Auseinandersetzung mit dem Thema Fotografie schaffen die Kinder mühelos einen **Einstieg in die Welt der Medien**. Sie lernen, eine Kamera fachgerecht zu bedienen und reflektiert mit ihr umzugehen.

Der Verlag an der Ruhr legt großen Wert auf eine geschlechtergerechte und inklusive Sprache. Daher nutzen wir das Gendersternchen, um sowohl männliche und weibliche als auch nichtbinäre Geschlechtsidentitäten einzuschließen. Alternativ verwenden wir neutrale Formulierungen.
In Texten für Schüler*innen finden sich aus didaktischen Gründen neutrale Begriffe bzw. Doppelformen.

- Die Kinder erweitern ihre **Medienkompetenz** in vielerlei Hinsicht. Sie werden angehalten, Daten gewissenhaft zu verwalten, indem sie bewusst speichern und löschen und dabei verantwortungsvoll mit persönlichen und fremden Fotos/Daten umgehen. Innerhalb der Auseinandersetzung lernen sie Möglichkeiten der Präsentation und Veröffentlichung ihrer Fotos kennen.
- Sie erweitern **ihre Fähigkeiten im Umgang mit angebotenen Bildbearbeitungsprogrammen**. Dabei machen sie sich auf den Weg, auch über die Erfahrungen im Bereich der Trickfotografie vorhandene Darbietungen kritisch zu hinterfragen und der medialen Welt nicht unreflektiert gegenüberzutreten.
- „Ganz nebenbei" vertiefen sie ihre **Fähigkeiten im Bereich Kommunikation und Kooperation**.

Die Auseinandersetzung mit der Thematik gehört schwerpunktmäßig dem im **Lehrplan Kunst** des Landes Nordrhein-Westfalen verankerten Bereich *Gestalten mit technisch-visuellen Medien* an und findet auch dadurch seine Berechtigung im Unterricht.

Grundsätzlich gibt es zwei Schwerpunkte im Umgang mit dem Thema „Fotografie im Kunstunterricht":

- Bei der **Produktiven Auseinandersetzung** steht das Fotografieren im Vordergrund. Fotoaufgaben, Techniken, Perspektiven u.v.m. werden thematisiert und umgesetzt.
- Beim **Rezeptiven Umgang** liegt ein Foto als Ausgangsmedium bereits vor und wird zum Beispiel weiter- oder umgestaltet.

Beide Schwerpunkte finden Sie in diesem Buch wieder. Oft ergibt sich aus einer produktiven Aufgabe auch eine anschließende rezeptive Aufgabe, sodass ein Gesamtprozess vorliegt.

## Hinweise zum Buch

Das Buch bietet Ihnen einen leichten, raschen Einstieg in das Thema „Fotografie im Kunstunterricht" an, ohne dass Sie selbst Fotoprofi sein müssen. Alle Fotoaufgaben können sowohl mit einer Digitalkamera, einer Handykamera oder einer Tabletkamera ausgeführt werden. Die **technische Ausstattung** muss also keine besondere sein! Bei einigen wenigen Aufgaben wird lediglich eine besondere Kamerafunktion (z. B. Serienaufnahme) benötigt.

Alle Fotoaufgaben können Sie, wenn es Ihre Ausstattung erlaubt, zeitgleich mit der ganzen Klasse durchführen. Grundsätzlich würde aber eine einzige Kamera für die Durchführung der Fotoaufgaben ausreichen. Dann würden die Fotoaufgaben bzw. die Vorhaben erläutert und zeitlich versetzt von einzelnen Kindern oder Gruppen durchgeführt werden. Wenn Ihre Kinder wissen, dass alle in den Genuss der Fotoexperimente kommen, werden sie sich mit dieser Regelung gut arrangieren. Die Aufgaben können auch in die Wochenplanarbeit oder in Freiarbeitsphasen eingefügt werden.
Sie können die **Reihenfolge der Aufgaben** variieren oder auch nur einzelne Aufgaben für Ihre Klasse auswählen.
Auf jeder Seite finden Sie einen vollständigen Überblick über die benötigten **Materialien**. Auch hier handelt es sich meist um Alltagsdinge, die ohne viel Aufwand und ohne große Kosten oft schon zur Verfügung stehen.
Das Kapitel **Fotobearbeitung** mit Fotoprogrammen (S. 71 ff.) ist als Zugabe zu den übrigen Auseinandersetzungsmöglichkeiten und als weiterführendes Angebot zu verstehen. Wenn Ihre technische Ausstattung es hergibt, können Sie sich mit Ihren Kindern auch auf diesen Gestaltungsweg begeben. Dann benötigen Sie ein

# Vorwort

Gerät, auf dem die Kamera kleine Änderungen vornehmen kann und Sie benötigen die App PhotoRus (für iOS®) und/oder die App Color Effects (für IOS®), die für einen kleinen Betrag erworben werden kann. Bitte beachten Sie dort die Nutzungsbedingungen.

Vor Beginn der Arbeit mit der Kamera sollten Sie einige **Umgangsregeln** besprechen. Zum einen gilt es, mit dem oft teuren Equipment verantwortungsvoll umzugehen. Zum anderen geht es auch um die Sicherheit der Kinder. Dafür können Sie die Seite *Unsere Kamera-Regeln (S. 90)* vergrößern und ein Plakat erstellen.
Da die Kinder während der Fotoaufgaben oft einen großen Bewegungsspielraum im Schulgebäude und auf dem Schulhof haben, sind auch Regeln zur Rücksicht im Schulraum notwendig. Die ergänzende, bildhafte Darstellung der Regeln erleichtert Erstklässler*innen oder schwachen Leser*innen den Umgang.
Das Plakat kann zur Erinnerung und Visualisierung im Klassenraum aushängen bzw. bei Bedarf immer wieder aufgehängt werden.
Zudem sollten Sie **vorab** die **Eltern informieren** und das **Einverständnis** einholen, die Kinderfotos präsentieren zu können. Neben der Erlaubnis der Eltern ist aber auch die **Erlaubnis der Kinder** wichtig, dass von ihnen Fotos gemacht werden und ob sie veröffentlicht werden dürfen oder nicht. Zudem gehören Fotos grundsätzlich immer der Fotografin bzw. dem Fotografen – was mit dem **Urheberrecht** geregelt ist *(s. Medientipps S. 96)*. Halten Sie diese kleinen Schritte unbedingt ein und besprechen Sie sie unbedingt mit Ihren Kindern. Daher befindet sich dazu auch eine Erinnerung unter *Unsere Kamera-Regeln (S. 90)*. So leisten Sie nicht nur einen Beitrag zum verantwortungsbewussten Umgang mit Bildmaterial, sondern sind rechtlich abgesichert.

Auf jeder Seite finden Sie oben rechts einen Hinweis, ab welcher **Klassenstufe** die Fotoaufgaben in der Regel geeignet sind. Sie sollten bei der Auswahl immer Ihre Lerngruppe im Blick haben und diesbezüglich das Angebot anpassen.
Die Angebote ab Klasse 1 können natürlich nicht von allen Kindern alleine gelesen werden. Sie sind aber trotzdem als Kinderaufträge formuliert, da die Aufgaben ja auch mit älteren Kindern durchgeführt werden können. Da sich die Aufgaben für unterschiedliche Altersgruppen eignen, bieten sie sich für **jahrgangsübergreifende Projekte** hervorragend an. Ebenso können jüngere und ältere Kinder, als **Fotografenpat*innen** zusammenarbeiten und die Aufgaben gemeinsam durchführen.

Alle Fotoaufgaben können Sie in die Hand der Kinder geben und von ihnen entsprechend in Einzel-, Partner- oder Gruppenarbeit ausführen lassen. Dazu finden Sie auf jeder Seite oben rechts Hinweise für die **Sozialform**:

➜ **Einzelarbeit** ☺

➜ **Partnerarbeit** ☺☺

➜ **Gruppenarbeit** ☺☺☺

Wenn eine Aufgabe für mehrere Sozialformen geöffnet werden kann, sind die Arbeitsanweisungen aufgrund der besseren Lesbarkeit nur für die Einzelarbeit formuliert. Genauso gut können Sie aber alle im Buch vorhandenen Fotoaufgaben gemeinsam mit den Kindern erarbeiten oder auch nur als Anregung für sich sehen und sie Ihren Kindern im Unterrichtsgespräch erläutern.

Immer wenn Sie die Kinder mit einer Partnerin oder einem Partner oder in einer Gruppe arbeiten lassen, können Sie zur Unterstützung der Arbeit die *Schilder Foto-Jobs (S. 95)* einsetzen.

Auf den meisten Seiten finden Sie oben rechts unterschiedliche Symbole.

**Foto-Tagebuch-Symbol:** 

Das Symbol weist darauf hin, dass sich die Entdeckungen und gemachten Erfahrungen während der Fotoaufgabe gut im *Foto-Tagebuch (S. 79–81)* festhalten lassen. Sie können dies bei Bedarf ankreuzen und so Ihren Kindern als verbindliche Aufgabenstellung nennen.

**Titel-gesucht-Symbol:** 

Ebenso können Sie das Titel-gesucht-Symbol ankreuzen und Ihren Kindern als Ergänzung anbieten. Nun wissen die Kinder, dass sie für ihr Foto zusätzlich einen Titel notieren müssen *(s. Titel gesucht S. 78)*.

Als Einstieg in die Thematik könnte eine kurze Abfrage zum Lern- und Erfahrungsstand der Kinder erfolgen. Dazu bietet Ihnen der Bogen *Fotografie – Ich weiß schon was! (S. 12)* eine gute Grundlage. So erhalten Sie einen Überblick über die Vorerfahrungen, aber auch Wünsche der Kinder.

Am Ende jeder Fotoaufgabe werden die Kinder aufgefordert, ihre Fotos mithilfe der *Foto-Check-Karte (S. 93/94)* zu überprüfen. Die Foto-Check-Karte können Sie als Plakat in der Klasse sichtbar aushängen. Ebenso ist es sinnvoll, die Karte kopiert und laminiert zur Verfügung zu stellen, damit das Kontrollieren – auch an anderen Orten – erleichtert wird. Die Kinder könnten dann auch mit einem wasserlöslichen Folienstift die Kriterien abhaken und ggf. eigene Tipps notieren. So wissen sie für die Wiederholung, was sie noch berücksichtigen müssen.

Wenn die Kinder eine Fotoaufgabe beendet haben, werden sie durch Symbole aufgefordert, ihre Endergebnisse zu sichern und anschließend zu löschen:

**sichern** 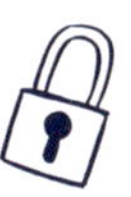 **löschen** 

Besprechen Sie dafür vorab mit den Kindern, welche Methode für Ihre technischen Möglichkeiten infrage kommt. Nehmen Sie sich für diese Einführung Zeit und üben die Vorgänge, damit die Kinder im Lauf der Arbeit selbstständig agieren können.
Bei einer Digitalkamera werden die benötigten Fotos als Sicherung einfach auf der Speicherkarte gelassen und müssen von Ihnen dann auf dem Computer gespeichert oder ausgedruckt werden. Bei Tablets besteht oft die Möglichkeit, alle Fotos auf einem Hauptgerät mittels Bluetooth oder AirDrop zu sammeln. Von dort können Sie dann den Ausdruck veranlassen. Wenn Sie technisch besonders gut ausgestattet sind, kann man manchmal sogar die Fotos direkt an den Kopierer oder Drucker schicken.

In diesem Zusammenhang müssen Sie mit den Kindern besprechen, wie genau sie mit misslungenen Fotos umgehen sollen. Dabei ist zu beachten, dass das **Löschen** oftmals 2-mal erfolgen muss. Zuerst entfernt man sie aus dem Fotoalbum und – für eine dauerhafte Löschung – noch aus dem Papierkorb. Das dauerhafte Löschen ist nicht nur wichtig, um die Speicherkapazität zu gewährleisten und nicht von einer Unmenge an Fotos überrollt zu werden, sondern

# Vorwort

hat noch einen weiteren wichtigen Aspekt: Oft entstehen gerade bei den Aufgaben rund um die eigene Person Fotos, die sehr privat sind. Die Fotos haben einen Hintergrund und entstehen im geschützten Rahmen der Gruppe sowie der Klasse. In der Regel werden Tablets/Kameras aber in der gesamten Schule herumgereicht und für den Unterricht verwendet. So könnten persönliche Fotos, die nicht richtig gelöscht wurden, in Umlauf geraten und ggf. unangenehme Folgen haben.
Thematisieren Sie das mit Ihren Kindern. In diesem Zusammenhang kann man auch gut die Gefahren des unüberlegten Verschickens von Fotos im Internet thematisieren. Was einmal die Klasse – bzw. das Handy zu Hause – verlassen hat, ist für alle öffentlich und schwerlich aus dem Netz zurückzuholen.

Da die Kinder immer den Hinweis bekommen, nur eine begrenzte Anzahl an Fotos zu sichern, bleibt die **Fotomenge** bei einer Aufgabe für Sie relativ überschaubar.

Die **entstandenen Fotos** können Sie ausdrucken oder über einen der vielen Fotoentwickler in Geschäften sowie über das Internet rasch entwickeln lassen. Aufgrund der heutigen Technik kostet das im Klein-/Normalformat auch in der Regel wenig. Sollten Sie trotzdem Kosten sparen wollen, können Sie mehrere Fotos eines Kindes als *Fotocollage (S. 75)* über eine Foto-App zusammenstellen. So müssen Sie lediglich ein Foto und nicht gleich viele bestellen.

Das Buch ist in folgende **7 Kapitel** eingeteilt:

1. **Ich werde Fotograf/Fotografin**
2. **Ich werde Foto-Profi**
3. **Ich als Foto-Modell**
4. **Trickfotografie**
5. **Fotobearbeitung**
6. **Fertige Fotos – und dann?**
7. **Vorlagen und Unterrichtshilfen**

Im **1. Kapitel** **„Ich werde Fotograf/Fotografin"** sammeln die Kinder grundlegende Erfahrungen und lernen, mit der Kamera umzugehen.
Für die Aufgabe *Meine Kamera (S. 13/14)* benötigen die Kinder **Fotos (Format: 9 cm x 13 cm)** der im Unterricht verwendeten **Kamera** von vorne und von hinten, um sie mit den richtigen Begriffen zu beschriften. Sie können die Fotos vorab einmal entwickeln lassen und anschließend für alle Kinder kopieren. Fertigen Sie zudem eine **Lösungsseite** an. Die angebotenen Begriffe stellen eine Vielzahl an Möglichkeiten für verschiedene Kameratypen dar. Sie können auf Wunsch schon eine Vorauswahl der Begriffe treffen oder die Anzahl der Begriffe, je nach Alter der Kinder, reduzieren. Auf den Blankofeldern können Sie ggf. noch Informationen ergänzen. Natürlich können Sie diese Aufgabe auch mittels einer vergrößerten Darstellung gemeinsam mit allen Kindern im Klassengespräch bearbeiten. Das Ergebnis wird dann zur Ergebnissicherung von den Kindern auf das eigene Arbeitsblatt übertragen. Zudem können die Begriffe vergrößert im Klassenraum als **Wortspeicher** zur Verfügung stehen.
Ein Lösungsbogen wird auch für die Aufgabe *Perspektive – Was ist denn das? (S. 18–20)* benötigt.

Im **2. Kapitel** **„Ich werde Foto-Profi"** begegnen den Kindern spezielle Fotoaufgaben mit verschiedenen Schwerpunkten. Spannende Fotoexperimente bringen sie in ihren Erfahrungen weiter.
Für *Auf Spurensuche (S. 26)* benötigen die Kinder die Auftragskarten. Sie wählen ihren Auftrag durch das Tippen mit geschlossenen Augen auf die Tabelle aus. Wenn Sie möchten, können Sie die Aufträge auch ausschneiden und laminieren. Geben Sie dann die Karten in einen Umschlag, aus dem die Kinder ihren Auftrag im Unterricht ziehen können.
Wenn mehrere Kinder oder Gruppen den gleichen Suchauftrag haben, können anschließend nicht nur verschiedene Auftragsergebnisse, sondern zusätzlich Fotos mit gleicher Aufgabenstellung verglichen werden. Wenn sogar alle Kinder am gleichen Suchauftrag arbeiten, wird es eine Fülle an Ergebnissen geben, die als Gesamtkunstwerk eine enorme Wirkung haben.

Im **3. Kapitel** **„Ich als Foto-Modell"** begegnen den Kindern Fotoaufgaben rund um die eigene Person.
Diese fotografische Auseinandersetzung unterstützt die Persönlichkeitsentwicklung, lässt vielfältige Möglichkeiten der Selbsterfahrung zu und kann Stärken und Schwächen aufzeigen. Selfies und mediale Selbstinszenierungen gehören zum heutigen Alltag der Kinder. Indem Sie den Bereich in Ihren Unterricht aufnehmen, bekommen die Kinder einen kreativen, reflektierten Blick auf diese Art von Fotos.

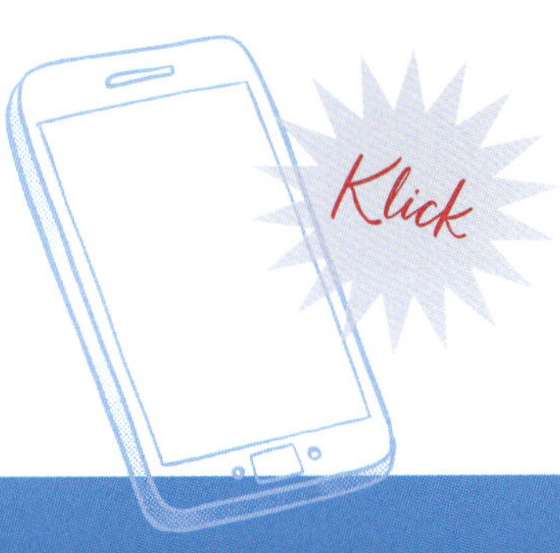


Spannend wird es im **4. Kapitel** **„Trickfotografie"**. Hier lernen die Kinder verschiedene Möglichkeiten kennen, ohne große technische Hilfsmittel Trickfotos herzustellen. Mittels Perspektiven und Entfernungen werden dem Betrachter oder der Betrachterin „unmögliche Wahrheiten" im Foto als Realität präsentiert. Dieser Bereich macht neben den vielfältigen Erfahrungsmöglichkeiten nicht nur viel Spaß, sondern leistet einen großen Beitrag dazu, mit Fotos jeglicher Art kritisch umzugehen: Fotos werden in Zukunft auf ihre Glaubwürdigkeit hinterfragt.

Das **5. Kapitel** **„Fotobearbeitung"** widmet sich der Fotobearbeitung mit technischen Hilfsmitteln, wie z. B. Fotoprogrammen. Sie finden verschiedene Anregungen, die Sie je nach technischer Voraussetzung nutzen können. Die Kinder werden an die Bearbeitungsmöglichkeiten herangeführt und können so schnell kreative Ergebnisse erzielen. Es hat sich gezeigt, dass Kinder mit einer kurzen Einführung gut zurechtkommen und sich dann absolut rasch neue Möglichkeiten durch Ausprobieren erschließen. Bewährt hat es sich, die Anleitungen laminiert in der Klasse zur Verfügung zu stellen, sodass die Kinder bei Bedarf darauf zurückgreifen können. Wichtig ist, dass sich je nach Arbeitsgerät kleine Unterschiede in den Handhabungen/Begrifflichkeiten ergeben können. Überprüfen Sie dies bitte zuvor und passen Sie die Anweisungen ggf. an. Grundsätzlich kann jedes Foto bearbeitet werden – muss aber nicht! Daher wird bei den Arbeitsaufträgen nicht darauf hingewiesen. So können Sie entscheiden, wann Sie diese Aufgabenstellung gezielt im Unterricht einsetzen möchten.

# Vorwort

Im **6. Kapitel** **„Fertige Fotos – und dann?"** finden Sie eine Sammlung an Anregungen, die Sie im Anschluss an die im Buch vorgestellten Fotoaufgaben mit Ihren Kindern durchführen können. Es ist immer toll, wenn die entwickelten oder ausgedruckten Fotos besprochen, gewürdigt und auch in irgendeiner Form präsentiert werden. Dazu braucht es oft nicht viel und ein gelungener Projektabschluss liegt vor. Einige Anregungen sind für Sie als Umsetzungsvorschlag gedacht. Die anderen Ideen sind wieder direkt als Kinderaufträge formuliert und können von den Kindern selbstständig ausgeführt werden.

Im **7. Kapitel** **„Vorlagen und Unterrichtshilfen"** finden Sie Organisationshilfen und die für die Fotokontrolle benötigte *Foto-Check-Karte (S. 93/94)*.
Der in diesem Kapitel enthaltene *Fotografen-Ausweis (S. 91/92)* wertschätzt nicht nur die Arbeit der Kinder, sondern attestiert ihnen, dass sie sich mit einer Kamera bzw. der Kamerafunktion eines Tablets oder Handys, der spezifischen Technik und den verschiedenen Einsatzmöglichkeiten auskennen. Die Kinder erhalten mit dem Ausweis ebenso einen transparenten Überblick über die von Ihnen geplanten Unterrichtseinheiten. Gleichzeitig kann der Ausweis als **Laufpass** dienen, wenn Sie den Kindern einige Fotoaufgaben als **Stationen** anbieten möchten. Vorne kann der Ausweis mit einem Foto des Besitzerkindes gestaltet werden. Dazu bieten sich die Fotoergebnisse der Aufgaben *Ich als Fotograf/Fotografin (S. 48)* oder *Porträtfotografie (S. 53)* besonders an.

Ein besonderer Dank gilt den Drachenklassen im Schuljahr 2018/19 sowie 2019/2020 an der Lessingschule in Hamm, die sich voller Engagement mit mir auf den Weg gemacht haben, das Fotografieren im Kunstunterricht der Grundschule umzusetzen.

Ich wünsche Ihnen und Ihren Kindern viele spannende Momente rund um das Thema Fotografie.

*Stephanie Cech-Wenning*

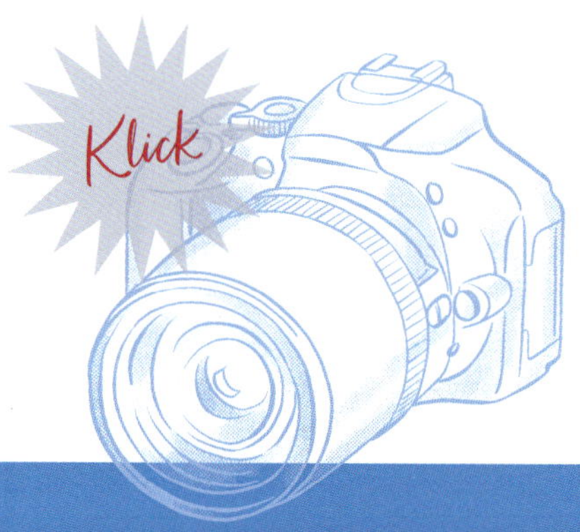

# 1. Ich werde Fotograf/Fotografin

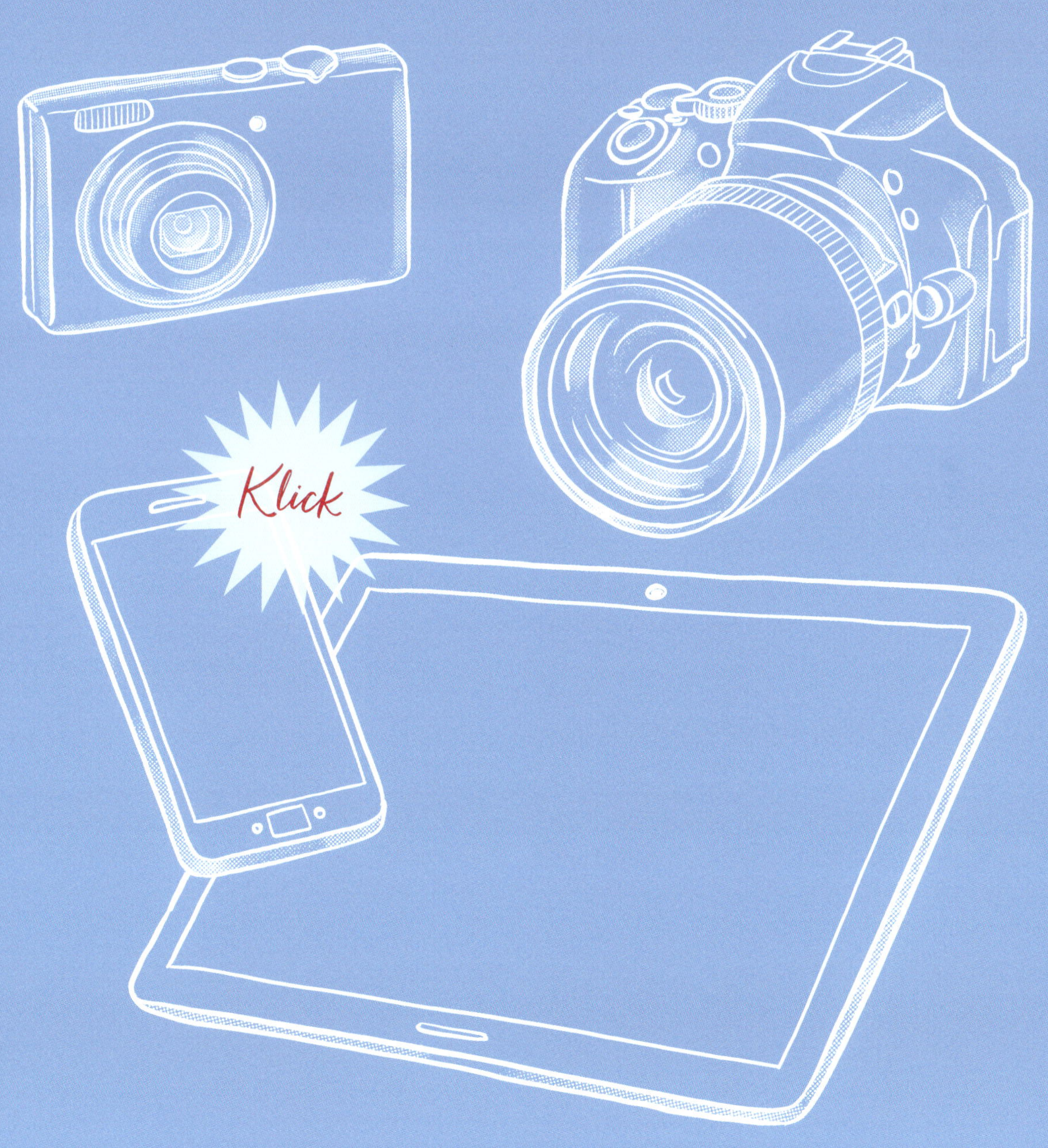

# Fotografie – Ich weiß schon was!

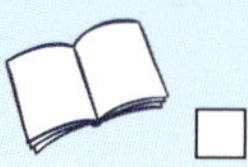
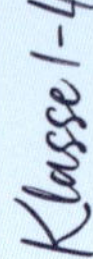


**Mir gefallen Fotos von:**

..............................................................................................................

..............................................................................................................

**Damit habe ich schon fotografiert:**

☐ ☐ ☐ ☐

**Das habe ich schon einmal fotografiert:**

○ meine Familie ○ meine Freunde/Freundinnen ○ Tiere

○ mein Spielzeug ○ eine Landschaft ○ ....................................

**Das möchte ich gerne fotografieren:**

..............................................................................................................

..............................................................................................................

**Das weiß ich über das Fotografieren:**

..............................................................................................................

..............................................................................................................

**Das will ich wissen:**

..............................................................................................................

..............................................................................................................




Illustrationen: Bettina Weyland | ISBN 978-3-8346-4431-2| www.verlagruhr.de

# Meine Kamera

Eine gute Fotografin oder ein guter Fotograf kennt sich genau mit der Kamera aus und weiß, wie die Teile der Kamera heißen oder wie sie funktioniert. Nur so kann die Fotografin oder der Fotograf gute Fotos machen. Lerne deine Kamera genauer kennen und werde Fotoprofi!

**Du brauchst:**

- ✔ Fotos von deiner Kamera (Ansicht von vorne und hinten, 9 cm x 13 cm)
- ✔ *Meine Kamera: Fotoseite (S. 14)*
- ✔ Begriffskarten (siehe unten)
- ✔ Schere
- ✔ Kleber
- ✔ Lösungsseite von deiner Lehrerin/ deinem Lehrer

**So geht es:**

1. Klebe die Fotos deiner Kamera auf die *Fotoseite (S. 14)*.
2. Schneide die Begriffskarten aus.
3. Welche Begriffe passen wohin? Überlege genau.
4. Lege die Begriffe an die passenden Stellen.
5. Kontrolliere dein Ergebnis mit der Lösungsseite.
6. Wenn alles stimmt, klebe die Begriffe auf.

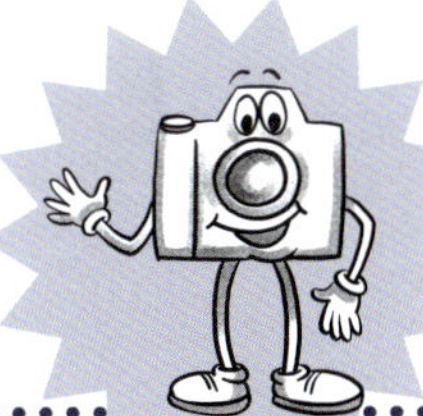

**Achtung!**

Je nach Kamera kann es sein, dass du nicht alle Begriffe verwenden kannst! Es kann aber auch sein, dass du noch andere Begriffe für deine Kamera benötigst. Nutze dafür die leeren Begriffskärtchen.

| | | | |
|---|---|---|---|
| Einschalter/ Ausschalter | Sucher | | |
| Hauptkamera | Zoom | | |
| Frontkamera (Selfie-Kamera) | Auslöser | | |
| Kamera-App | Blitz | | |
| Programmwahlrad/ Menü | Wiedergabe | | |
| Programmleiste/ Menü | Fotoalbum | | |
| Display/Monitor/ Bildschirm | Life-Funktion | | |
| Objektiv | Löschfunktion | Kabelanschluss | |
| Batteriefach | Speicherkarte | | |




Illustrationen: Bettina Weyland | ISBN 978-3-8346-4431-2| www.verlagruhr.de

# Meine Kamera: *Fotoseite*

## Ansicht von vorne

Foto einkleben!

## Ansicht von hinten

Foto einkleben!

**Schon gewusst?**

Das Wort FOTOGRAFIE kommt aus der griechischen Sprache.
Es bedeutet übersetzt so viel wie „Schreiben oder Malen mit Licht".

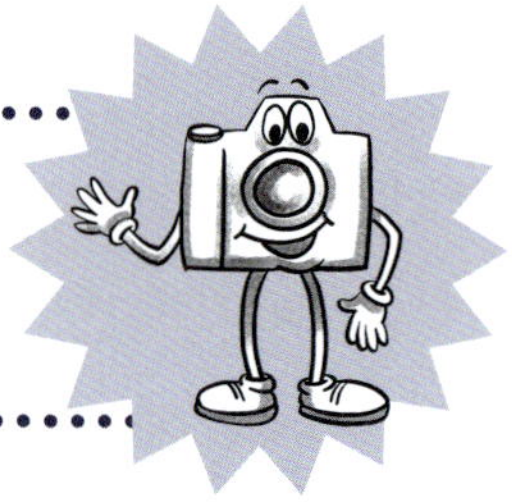

Illustration: Bettina Weyland | ISBN 978-3-8346-4431-2| www.verlagruhr.de

# Auf Motivsuche

Weißt du, was ein Motiv ist?
Ein Motiv ist ein Gegenstand, eine Person,
ein Teil der Welt, den du fotografieren möchtest.
Es kann eine kleine Ameise, ein riesiger Berg oder
auch nur ein Muster sowie eine Farbe sein.
Es ist das Wichtigste auf deinem Foto.
Gehe auf Motivsuche und entdecke spannende Motive!

**Schon gewusst?**

„Passepartout" bedeutet „Umrahmung für dein Foto".

**Du brauchst:**

- ✔ *Auf Motivsuche: Passepartout-Vorlage (S. 16)*
- ✔ Kamera
- ✔ *Foto-Check-Karte (S. 94)*

**So geht es:**

1. Bastele dir ein Passepartout mithilfe der Vorlage (S. 16).
2. Nimm dir das fertige Passepartout und eine Kamera.
3. Gehe auf Motivsuche. Halte dazu dein Passepartout mit der schwarzen Seite vor ein Auge. Schaue dich durch das Loch in deiner Klasse, im Schulgebäude oder auf dem Schulgelände um. Schaue dir Motive ganz nah und von weiter weg an. Welche Motive entdeckst du ganz oben oder am Boden?
4. Wenn du ein tolles Motiv gefunden hast, mache davon mit deiner Kamera ein Foto. Mache bis zu 10 verschiedene Fotos.
5. Schaue dir anschließend deine Fotos an. Kontrolliere die Fotos mit der Foto-Check-Karte. Überprüfe zusätzlich, ob das Motiv gut zu erkennen ist.
6. Wenn etwas nicht stimmt, mache neue Fotos.
7. Bist du mit deinen Fotos zufrieden, sichere die 2 besten Fotos! ➜
8. Lösche den Rest deiner Fotos! ➜


Illustrationen: Bettina Weyland | ISBN 978-3-8346-4431-2| www.verlagruhr.de

# Auf Motivsuche: *Passepartout-Vorlage*

Klasse 1–4

**Du brauchst:**

- ✔ schwarze, dickere Pappe in DIN A5
- ✔ Schere
- ✔ Kleber

**So geht es:**

1. Schneide die Vorlage unten ab.
2. Klebe sie auf die schwarze Pappe.
3. Schneide das Passepartout aus.
4. Schneide auch das Guckloch frei.

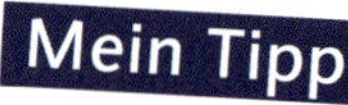


Schaue bei der Motivsuche immer von der schwarzen Seite durch das Guckloch!

Guckloch ausschneiden!

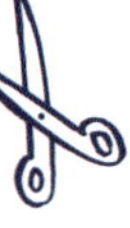




Illustrationen: Bettina Weyland | ISBN 978-3-8346-4431-2| www.verlagruhr.de

# Welches Format passt?

Klasse 2-4

Wenn du ein Foto machst, kannst du deine Kamera auf verschiedene Weise halten:

**Das Format muss zum Motiv passen!**

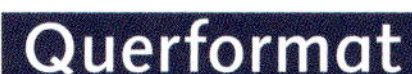


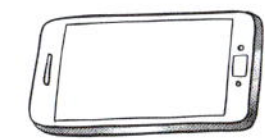

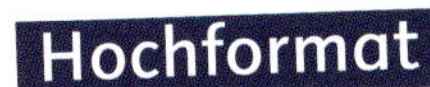


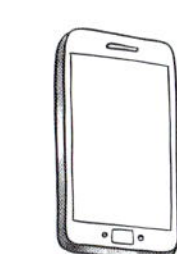

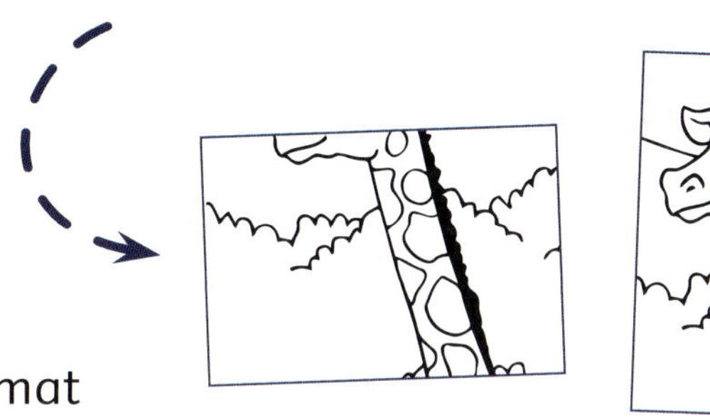

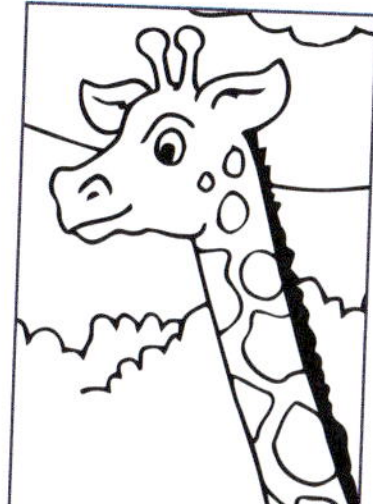

Nun sollst du ausprobieren, welches Format zu welchem Motiv passt.

**Du brauchst:**

- ✔ Kamera
- ✔ 3 unterschiedlich große Motive (zum Beispiel Trinkflasche, Tür, Tafel)
- ✔ Stift

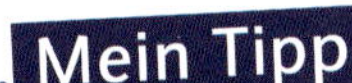


Drehe nur die Kamera! Du selbst darfst dich nicht bewegen und bleibst genau gleich sitzen oder stehen.

**So geht es:**

1. Wähle 3 unterschiedlich große Motive aus.
2. Fotografiere jedes Motiv einmal im Hochformat und einmal im Querformat.
3. Betrachte deine Fotos. Kreuze an, welches Format besser gepasst hat.

| Mein Motiv | Hochformat | Querformat |
|---|---|---|
| Motiv 1: | | |
| Motiv 2: | | |
| Motiv 3: | | |

4. Sichere dein Lieblingsfoto! ➜
5. Lösche alle anderen Fotos! ➜




Illustrationen: Bettina Weyland | ISBN 978-3-8346-4431-2| www.verlagruhr.de

# Perspektive – Was ist denn das?

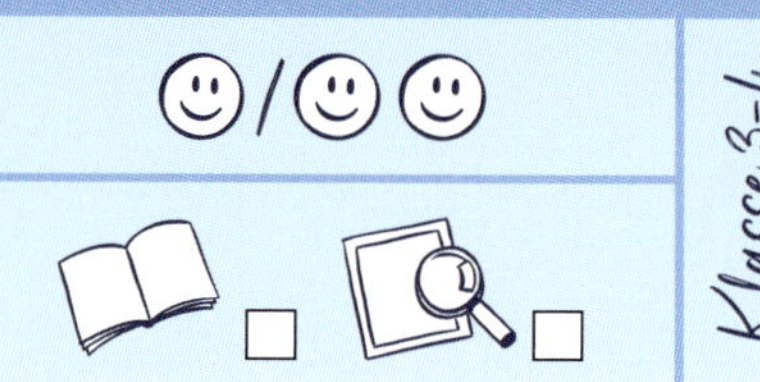

Klasse 3-4

Ein Motiv kann aus verschiedenen Perspektiven fotografiert werden. Es wirkt dadurch auf dem Foto immer wieder anders.
Lerne diesen einfachen Trick kennen und mache interessantere Fotos.

**Achtung!**

Wähle Motive aus, die du einfach aus der Vogelperspektive fotografieren kannst.
Du darfst dich nicht in Gefahr bringen!

**Du brauchst:**

- ✔ *Perspektive: Aufklebebogen (S. 19)*
- ✔ *Perspektive: Ausschneidebogen (S. 20)*
- ✔ Schere
- ✔ Kleber
- ✔ Stift
- ✔ Kamera
- ✔ *Foto-Check-Karte (S. 94)*
- ✔ Lösungsseite von deiner Lehrerin/ deinem Lehrer

**So geht es:**

1. Schneide alle Infokarten und Fotos von S. 20 aus.
2. Lies dir alles gut durch und schaue dir die Fotos genau an. Immer ein Text und ein Foto gehören zusammen.
3. Lege die Infokarten an die passenden Stellen auf den Aufklebebogen. Wenn du dir nicht sicher bist, kontrolliere mit der Lösungsseite. Klebe dann alles auf.
4. Fotografiere nun 3 Dinge in deiner Klasse aus der …
   - ➜ Zentralperspektive
   - ➜ Froschperspektive
   - ➜ Vogelperspektive
5. Kontrolliere die Fotos mit der Foto-Check-Karte.
6. Sichere das beste Foto aus jeder Perspektive! ➜
7. Lösche den Rest deiner Fotos! ➜



Illustrationen: Bettina Weyland | ISBN 978-3-8346-4431-2| www.verlagruhr.de

# Perspektive: *Aufklebebogen*

| Zentralperspektive | Froschperspektive | Vogelperspektive |
|---|---|---|
| Klebe hier den richtigen Text ein. | Klebe hier den richtigen Text ein. | Klebe hier den richtigen Text ein. |
| Klebe hier das richtige Foto ein. | Klebe hier das richtige Foto ein. | Klebe hier das richtige Foto ein. |

**Schon gewusst?**

Auch beim Zeichnen und Malen können unterschiedliche Perspektiven verwendet werden. Das ist aber viel schwieriger als beim Fotografieren.

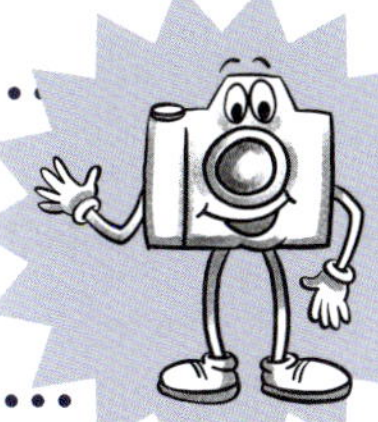




Illustrationen: Bettina Weyland | ISBN 978-3-8346-4431-2| www.verlagruhr.de

# Perspektive: *Ausschneidebogen*

Bei dieser Perspektive fotografierst du alles von unten.

Oft ist es notwendig, dass du dich hinhockst oder sogar auf den Boden legst, um dein Motiv aus dieser Sichtweise zu fotografieren. Dabei drehst du oft die Kamera leicht nach oben.

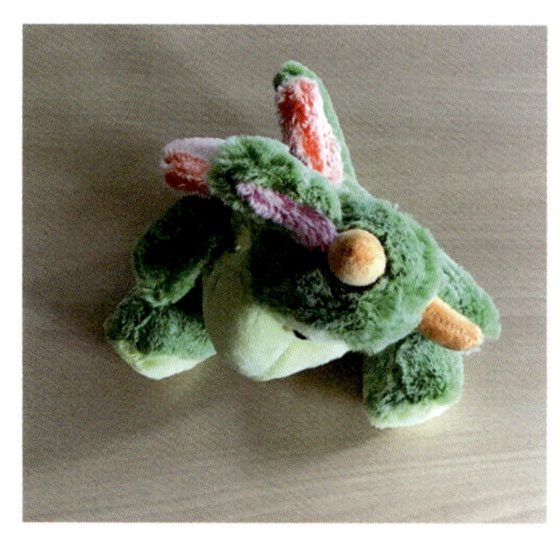

© Stephanie Cech-Wenning

Aus dieser Perspektive schaust du geradeaus auf das Motiv. Du fotografierst es auf Augenhöhe.

Du fotografierst es nicht von oben, aber auch nicht von unten. Deine Augen und das Motiv bilden eine Linie! Manchmal wird das auch Frontalperspektive oder Normalperspektive genannt.

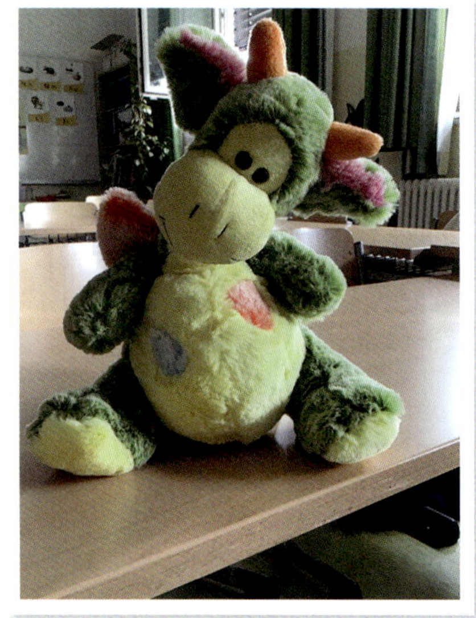

© Stephanie Cech-Wenning

Aus dieser Perspektive wird dein Motiv von oben fotografiert. Es sieht oft so aus, als ob du in der Luft fliegst und von dort dein Foto gemacht hast. Manche Fotografen oder Fotografinnen mieten sich für diese Aufnahmen wirklich ein Flugzeug.

Auch Drohnen fotografieren mühelos aus dieser Perspektive.

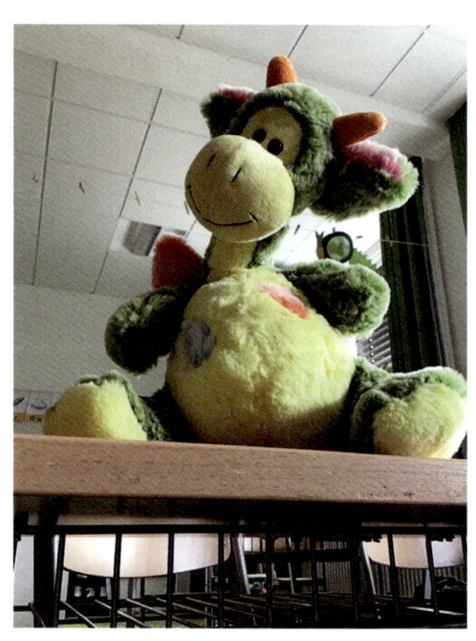

© Stephanie Cech-Wenning




ISBN 978-3-8346-4431-2| www.verlagruhr.de

# Ganzes oder Detail? (1/2)

Wie fotografierst du einen Baum? Du kannst ihn aus einiger Entfernung als Ganzes fotografieren: die Wurzel, den Stamm und die Baumkrone. Alles ist drauf. Spannend ist aber auch, wenn du nur ein Detail fotografierst: die Rinde oder ein Blatt. Fotografiere verschiedene Motive einmal als Ganzes und einmal nur ein Detail!

**Schon gewusst?**

Ein Detail ist eine Kleinigkeit von einem Ganzen!

Detail

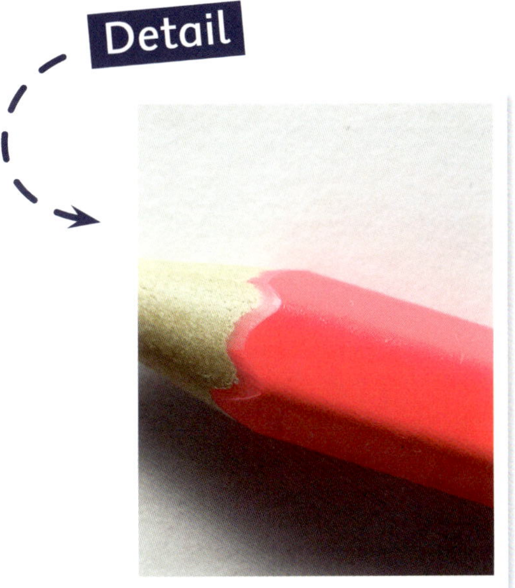

Ganzes

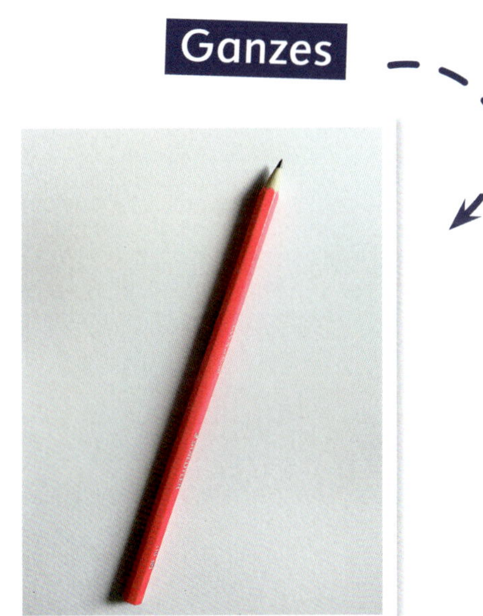

Detail

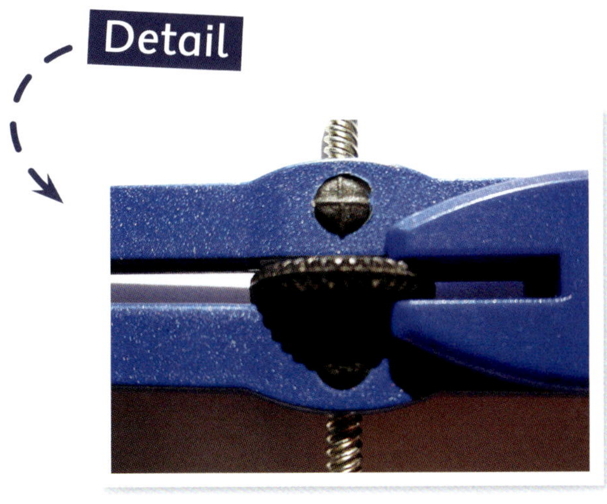

Ganzes

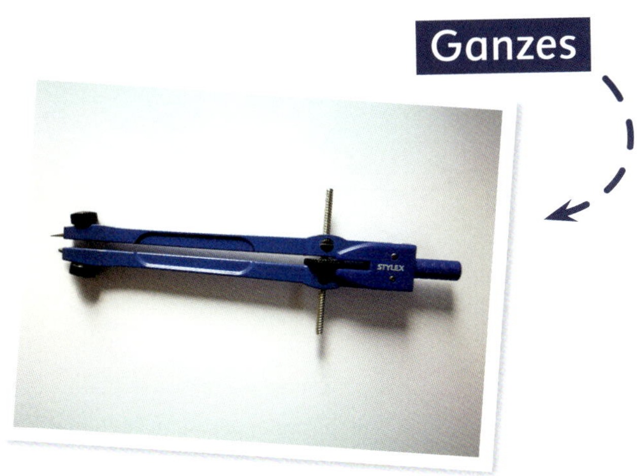




Illustrationen: Bettina Weyland | ISBN 978-3-8346-4431-2| www.verlagruhr.de

# Ganzes oder Detail? (2/2)

**Du brauchst:**

- ✔ Kamera
- ✔ *Foto-Check-Karte (S. 94)*

**So geht es:**

1. Gehe auf Motivsuche. Schaue dich in deiner Klasse, im Schulgebäude oder auf dem Schulgelände um.
2. Fotografiere dein Motiv als Ganzes: Es soll komplett und in der Mitte auf deinem Foto sein. Fotografiere dann nur ein Detail. Hier musst du bestimmt näher an dein Motiv herangehen und vielleicht sogar zoomen. (Beispiele: Jacke – Knopf, Tür – Schlüsselloch, Blume – Blüte ...). Suche bis zu 10 verschiedene Motive!
3. Kontrolliere deine Fotos mit der Foto-Check-Karte.
4. Wenn etwas nicht stimmt, mache neue Fotos.
5. Bist du mit deinen Fotos zufrieden, sichere die 2 besten Paare (Ganzes und Detail)! ➜
6. Lösche den Rest deiner Fotos! ➜

**Mein Tipp**

Plant ihr einen Schul-Ausflug?
Probiert unterwegs diese Fotoaufgabe aus!
Dann könnt ihr aus all euren Foto-Paaren ein *Fotopärchen-Spiel (S. 85)* basteln.




Illustrationen: Bettina Weyland | ISBN 978-3-8346-4431-2| www.verlagruhr.de

# Der verdrehte Blick – Rund um die Perspektive

Klasse 3–4

Wenn du zur Schule läufst, durch den Klassenraum gehst oder auf dem Schulhof kletterst, schaust du immer aus der gleichen Perspektive auf alle Dinge um dich herum. Verändere doch einmal deinen Blickwinkel und fange alle spannenden Entdeckungen in einem Foto ein!

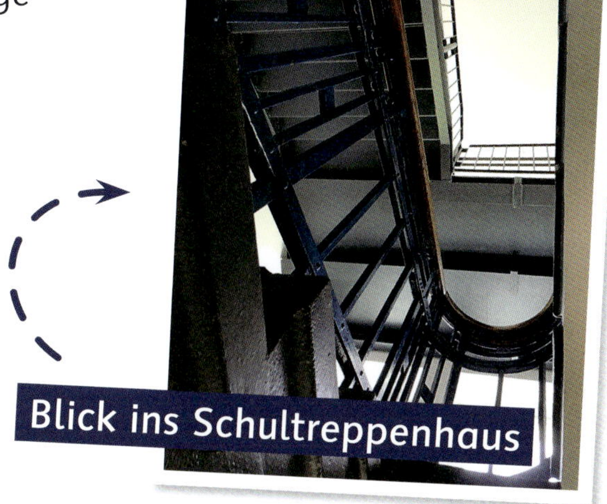

Blick ins Schultreppenhaus

**Du brauchst:**

- ✔ Kamera
- ✔ *Foto-Check-Karte (S. 94)*

**So geht es:**

1. Mache dich mit der Kamera auf den Weg durch deine Klasse oder deine Schule oder gehe auf den Schulhof.
2. Schaue dir die Dinge nicht nur aus der Zentralperspektive, sondern auch mal aus der Frosch- oder Vogelperspektive an. Wie sieht dein Stuhl, auf dem du jeden Tag sitzt, eigentlich von unten aus? Wie sieht eure Klasse aus, wenn du sie aus der Froschperspektive betrachtest?
3. Mache 10 verschiedene Fotos. Kontrolliere deine Fotos mit der Foto-Check-Karte. Überprüfe auch, ob du wirklich aus anderen Perspektiven fotografiert hast.
4. Wenn etwas nicht stimmt, mache neue Fotos.
5. Sichere das beste Foto! ➜
6. Lösche den Rest deiner Fotos! ➜
7. Mit euren Fotos könnt ihr ein Ratespiel spielen. Hängt eure Fotos auf. Verratet aber nicht, was es ist.
   Nun dürfen alle Kinder überlegen, was ihr eigentlich fotografiert habt.

**Achtung!**

Wähle Motive aus, die du einfach aus der Vogelperspektive fotografieren kannst.
Du darfst dich nicht in Gefahr bringen!


Illustrationen: Bettina Weyland | ISBN 978-3-8346-4431-2| www.verlagruhr.de

# Experimente mit dem Blitz

Der Blitz eines Gewitters erhellt in der Nacht plötzlich deine Umgebung. Alles, was in der Dunkelheit verborgen war, wird ganz kurz sichtbar. So etwas kann der Blitz deiner Kamera auch! Der Kamerablitz lässt die Dinge in der Nähe sichtbar werden, sodass sie auf einem Foto erscheinen. Mache dazu ein erleuchtendes Experiment!

**Mein Tipp**

Du kannst auch in einen Raum gehen, der verdunkelt werden kann. Aber pass auf, dass du dich im Dunkeln nicht verletzt!

**Du brauchst:**

- ✔ Kamera mit Blitzfunktion
- ✔ schwarze oder dunkle Decke oder Stoff (mindestens 1,40 m x 1,80 m)

**So geht es:**

Lies dir vor dem Fotografieren alle Aufgaben genau durch, weil du später im Dunkeln arbeitest und sie nicht mehr sehen kannst!

1. Schaue dir die Kamera genau an. Probiere aus, wie du den Blitz ein- und ausschalten kannst.
2. Fotografiere deine Füße einmal mit Blitz und einmal ohne.
3. Nimm dir die Decke und setze dich mit der Kamera in eine ruhige Ecke auf den Boden. Hänge die Decke über dich, sodass nur ein ganz klein wenig Licht auf deine Füße scheint. Der Rest ist dunkel.
4. Fotografiere so deine Füße einmal mit und einmal ohne Blitz.
5. Schließe deine Decke nun ganz, sodass du ganz im Dunkeln sitzt. Halte die Kamera gut fest und lege deinen Finger startklar auf den Auslöser.
6. Fotografiere deine Füße einmal mit und einmal ohne Blitz.
7. Lege die Decke weg und schaue dir die Fotos an. Was fällt dir auf?
8. Zeige die Fotos einem Kind deiner Klasse. Erkläre, wie du welches Foto gemacht hast. Welches Foto gefällt euch am besten? Wann konnte der Blitz helfen? Was passiert im Dunkeln oder im Hellen mit den Farben, wenn man mit und ohne Blitz fotografiert?
9. Sichere dein bestes Foto! ➜ 
10. Lösche den Rest der Fotos! ➜




Illustrationen: Bettina Weyland | ISBN 978-3-8346-4431-2| www.verlagruhr.de

# 2. Ich werde *Foto-Profi*

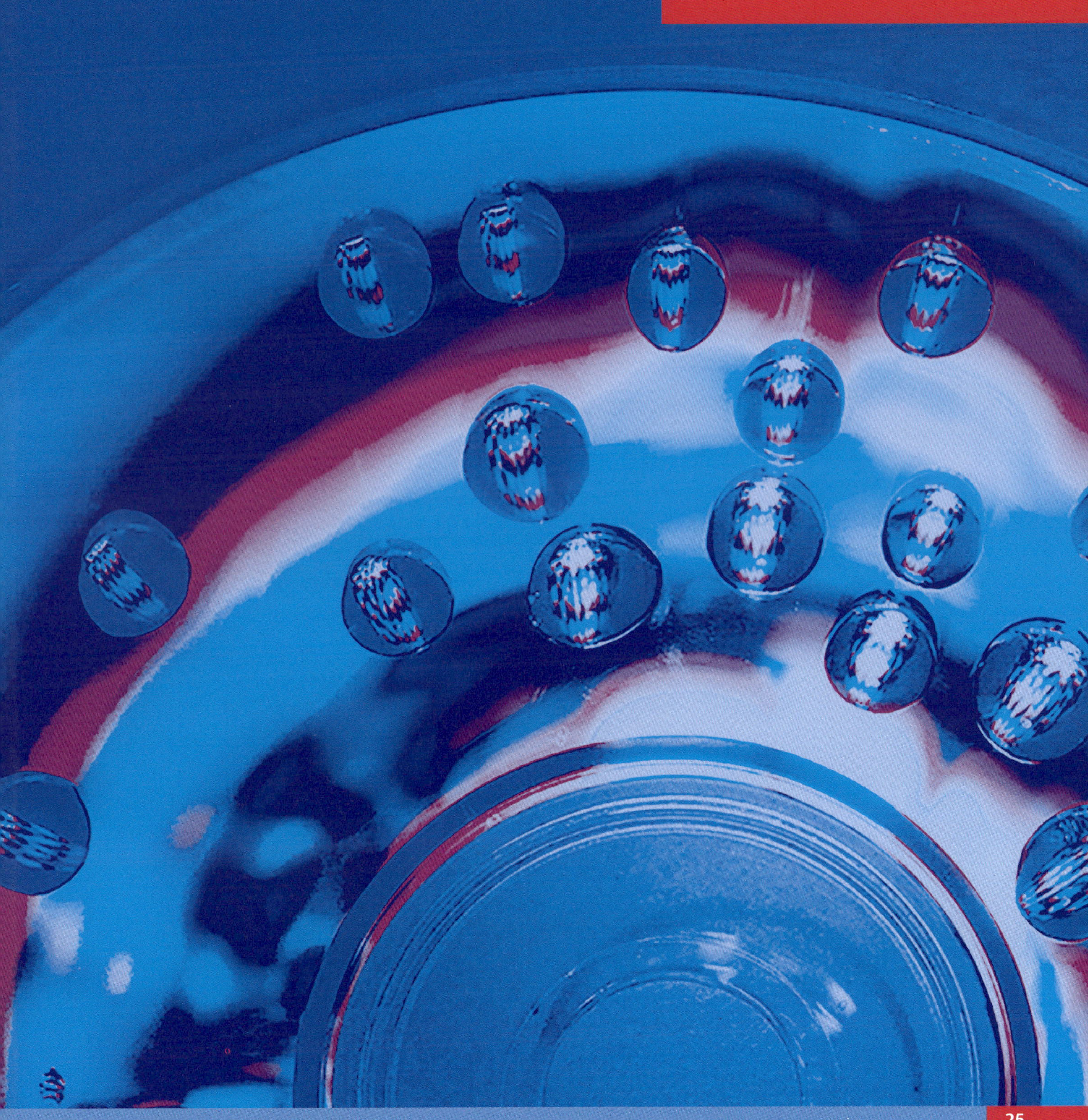

# Auf Spurensuche

Schaue einmal ganz genau auf den Fußboden und an die Decke in deiner Klasse. Was entdeckst du?
Um uns herum sind viele Farben, Muster und Zeichen versteckt.
Meist sehen wir einfach so an ihnen vorbei.
Schärfe deinen Blick und gehe wie ein Detektiv oder eine Detektivin auf Spurensuche.
Halte alle Spuren in einem Foto fest!

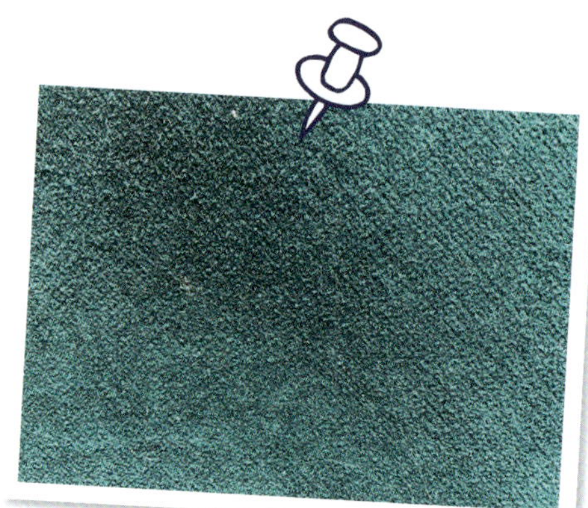

**Du brauchst:**

- ✔ *Auf Spurensuche: Suchaufträge (S. 27)*, bunt kopiert
- ✔ Kamera
- ✔ *Foto-Check-Karte (S. 94)*

**So geht es:**

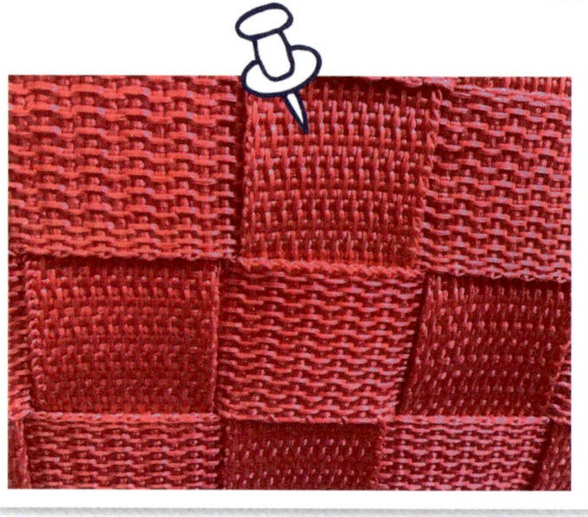

1. Tippe mit geschlossenen Augen auf einen Suchauftrag von S. 27.
2. Lies dir deinen Suchauftrag durch und merke ihn dir.
3. Gehe los und suche überall nach passenden Spuren.
4. Fotografiere deine Entdeckungen. Mache etwa 15 Fotos.
5. Schaue dir anschließend deine Fotos an. Kontrolliere die Fotos mit der Foto-Check-Karte. Überprüfe auch, ob die Spur das Wichtigste auf deinem Foto ist.

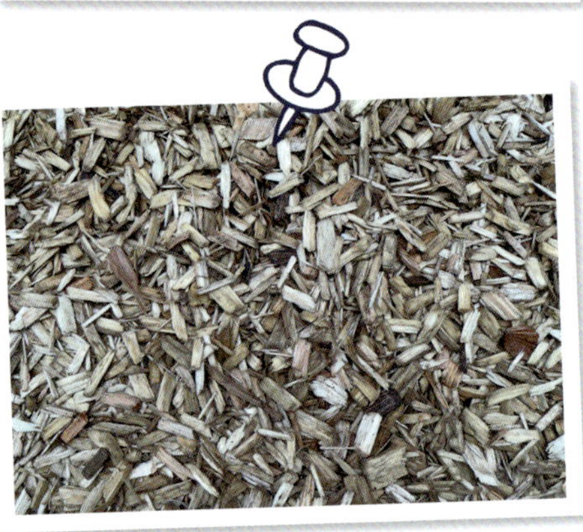

6. Wenn etwas nicht stimmt, mache neue Fotos.
7. Bist du mit deinen Fotos zufrieden, sichere etwa 10 Fotos! ➜
8. Lösche den Rest deiner Fotos! ➜


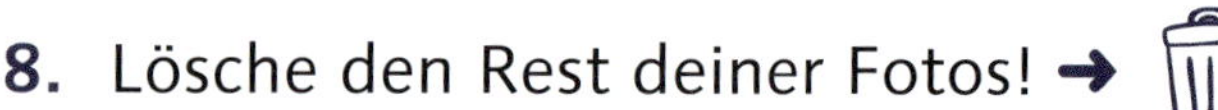

Illustrationen: Bettina Weyland | ISBN 978-3-8346-4431-2| www.verlagruhr.de

# Auf Spurensuche: *Suchaufträge*

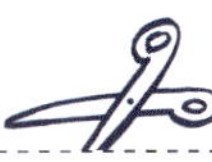

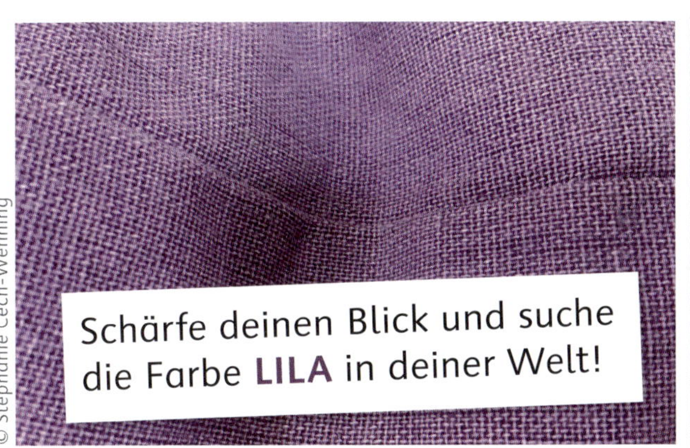


© Stephanie Cech-Wenning

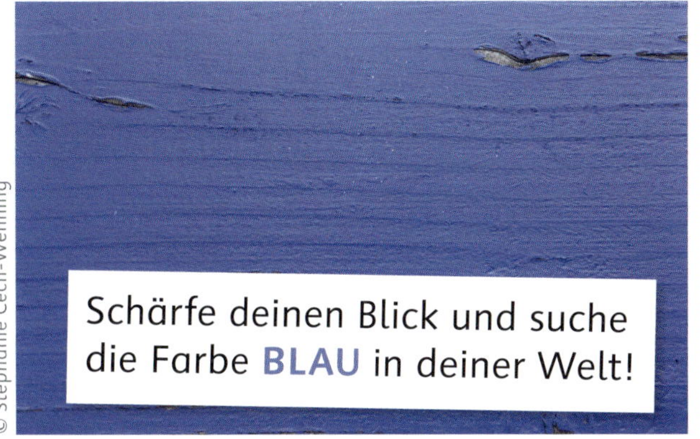


© Stephanie Cech-Wenning

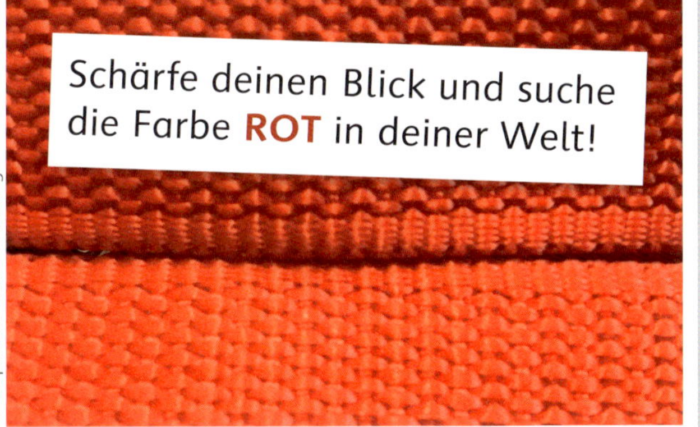


© Stephanie Cech-Wenning

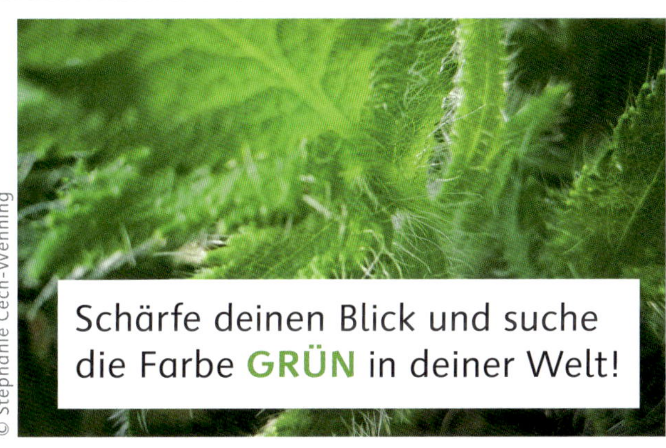


© Stephanie Cech-Wenning

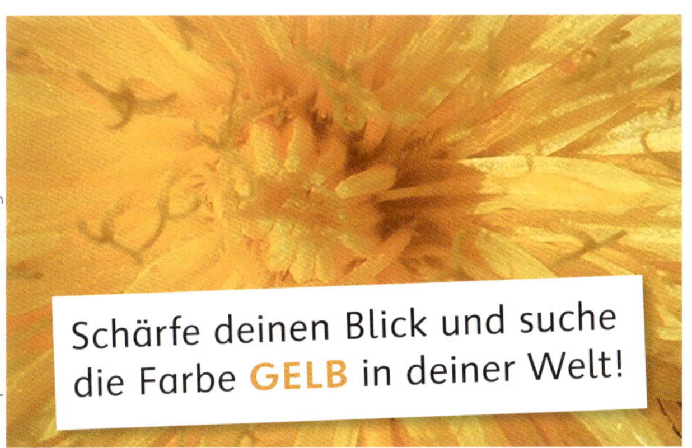


© Stephanie Cech-Wenning

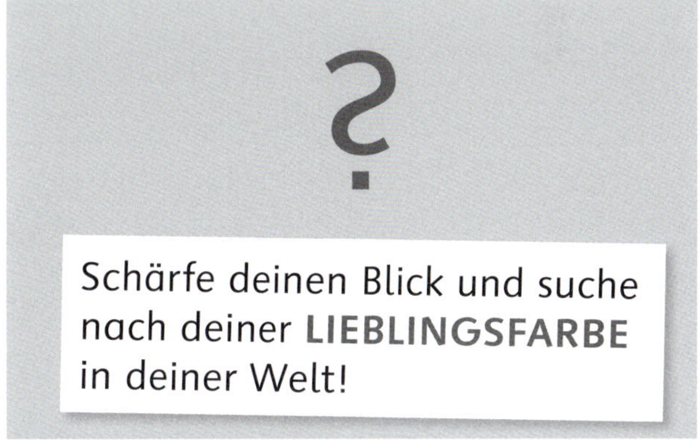


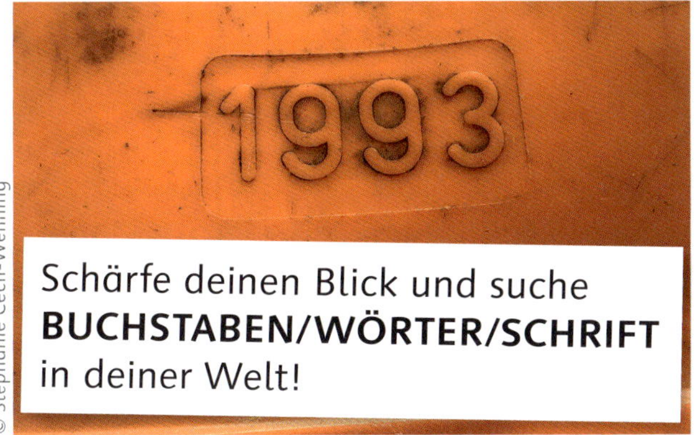


© Stephanie Cech-Wenning

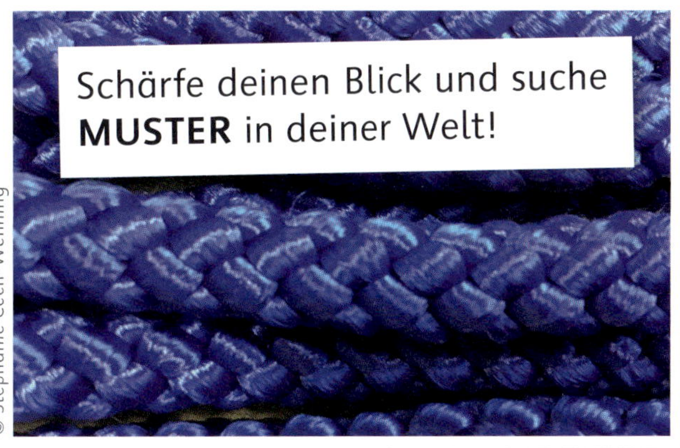


© Stephanie Cech-Wenning




ISBN 978-3-8346-4431-2| www.verlagruhr.de

# Mein Lieblings-DING von allen Seiten

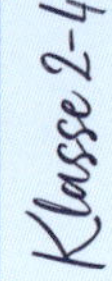


Hast du ein Lieblings-DING?
Ein Lieblings-Kuscheltier, ein Lieblings-Buch oder ein Lieblings-Spielzeug?
Fotografiere etwas, was du gerne hast, von allen Seiten und im passenden Format.
So kann man dein Lieblings-DING richtig gut erkennen.

Stelle dann von deinem Lieblings-DING einen Fotowürfel her!

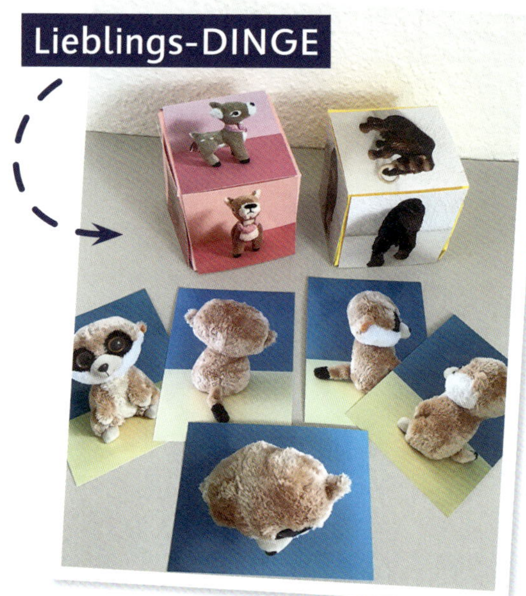


**Du brauchst:**

- ✔ dein Lieblings-DING
- ✔ einfarbigen Hintergrund (zum Beispiel eine Wand, eine Pappe, ein Tuch …)
- ✔ Kamera
- ✔ *Foto-Check-Karte (S. 94)*
- ✔ *Der Fotowürfel (S. 82/83)*

**So geht es:**

1. Stelle dein Lieblings-DING vor den einfarbigen Hintergrund.
2. Mache folgende 5 Fotos von deinem Lieblings-DING. Wähle immer das passende Format:

   ❶ **Foto von vorne** *(Frontalperspektive)*
   ❷ **Foto von hinten** *(Frontalperspektive)*
   ❸ **Foto von rechts** *(Frontalperspektive)*
   ❹ **Foto von links** *(Frontalperspektive)*
   ❺ **Foto von oben** *(Vogelperspektive)*

3. Schaue dir deine Fotos an und kontrolliere sie mit der Foto-Check-Karte!
4. Wenn etwas nicht stimmt, mache neue Fotos.
5. Bist du mit deinen Fotos zufrieden, sichere ein Foto von jeder Seite. ➜ Du musst also 5 verschiedene Fotos sichern!
6. Lösche den Rest deiner Fotos! ➜
7. Stelle mit deinen Fotos einen Fotowürfel her. Lies dir dafür die Anleitung auf S. 82/83 durch.





© Verlag an der Ruhr | Autorin & Foto: Stephanie Cech-Wenning
Illustrationen: Bettina Weyland | ISBN 978-3-8346-4431-2| www.verlagruhr.de

# Schattenfotos (1/2)

Jeder und jede kann eine Sammlung von Gummi-Dinosauriern fotografieren. Aber hast du schon einmal daran gedacht, nicht die Figur, sondern ihren Schatten zu fotografieren?

Experimentiere einmal mit einer künstlichen Sonne und fotografiere deine Schatten-Entdeckungen!

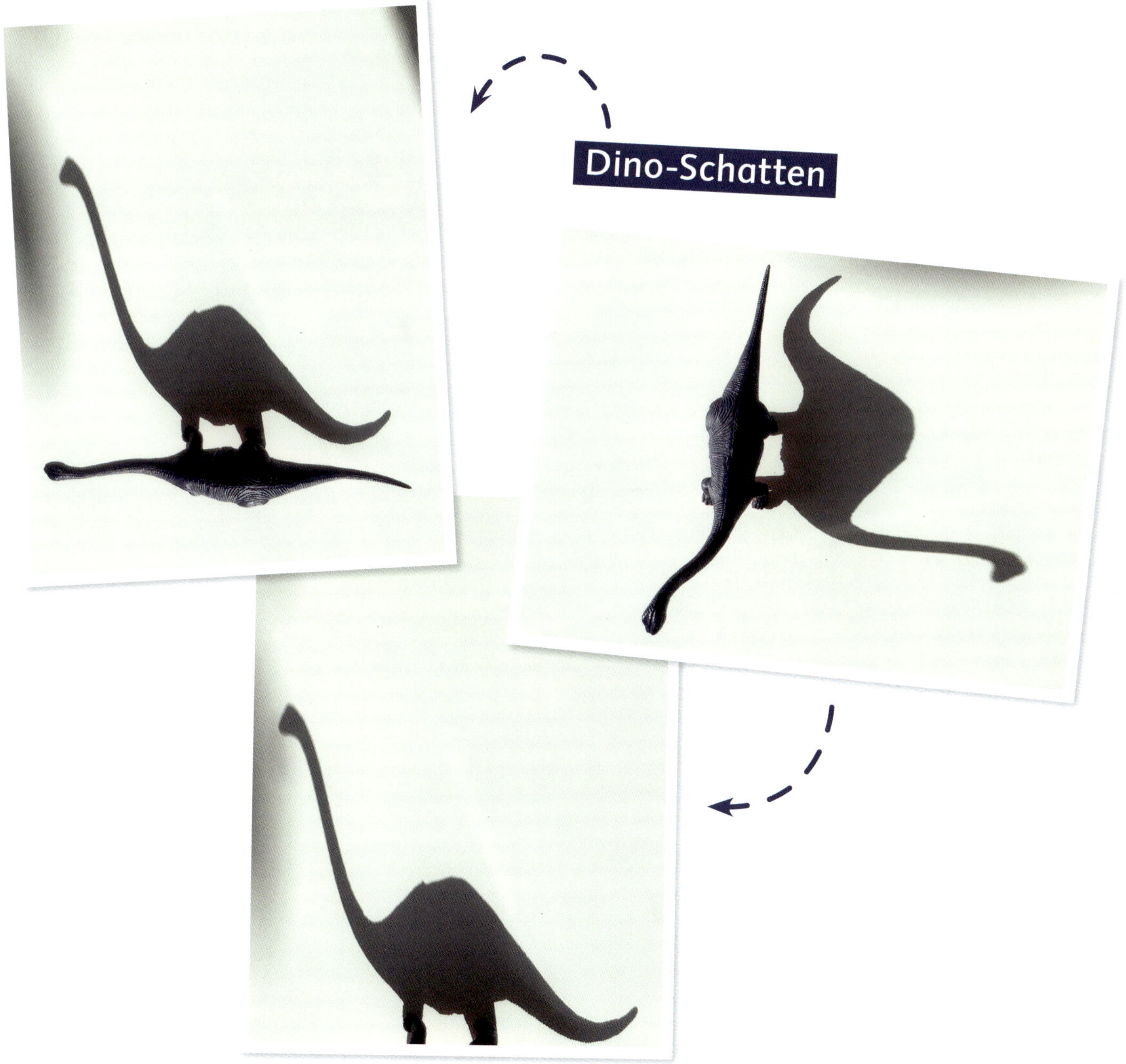

Dino-Schatten




Illustrationen: Bettina Weyland | ISBN 978-3-8346-4431-2| www.verlagruhr.de

# Schattenfotos (2/2)

**Du brauchst:**

- ✔ verschiedene Figuren oder Gegenstände (Gummitier, Spielzeugfiguren, Tassen …)
- ✔ Schreibtischlampe und Stromanschluss
- ✔ Kamera
- ✔ *Foto-Check-Karte (S. 94)*
- ✔ Stift

**Achtung!**

Fasse die Glühbirne deiner Lampe nicht an. Sie könnte heiß werden!

**So geht es:**

1. Stelle eine Figur auf den Tisch.
2. Schalte die Lampe ein und richte das Licht auf deine Figur.
3. Stelle deine Figur unterschiedlich nah an die Lampe.
   Wie verändert sich der Schatten?
   Leuchte deine Figur auch aus unterschiedlichen Höhen und Richtungen an.
   Was beobachtest du?
   Tausche dich mit einem Kind der Klasse aus.
4. Fotografiere die Schatten verschiedener Sachen.
5. Schaue dir deine Fotos an. Kontrolliere sie auch mit der Foto-Check-Karte.
6. Sichere das beste Foto! ➜
7. Lösche den Rest deiner Fotos! ➜

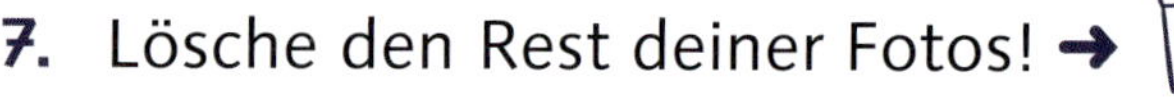

**Meine Tipps**

1. Scheint die Sonne? Dann fotografiere den Schatten deiner Figur draußen auf dem Schulhof.
2. Oder: Fotografiere doch auch einmal deinen eigenen Schatten!

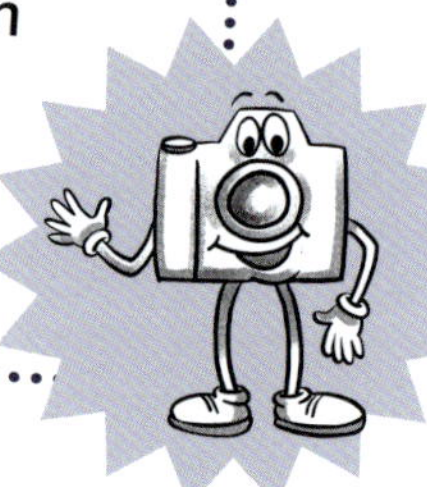




Illustrationen: Bettina Weyland | ISBN 978-3-8346-4431-2| www.verlagruhr.de

# Cool – Verwackelt! (1/2)

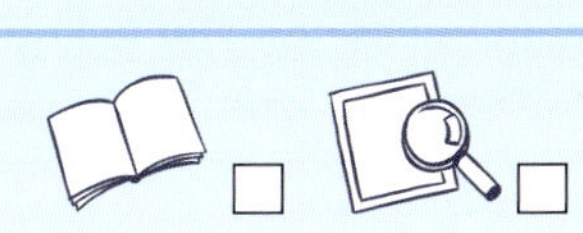

Klasse 2-4

Beim Fotografieren achtest du darauf, dass deine Fotos nicht verwackeln und alles genau zu sehen ist. Aber manchmal sind verwackelte Fotos besonders interessant. Wenn noch viele Farben im Spiel sind, sehen sie wie ein Kunstwerk aus! Nutze den Verwackel-Effekt und mache außergewöhnliche Fotos.

scharf

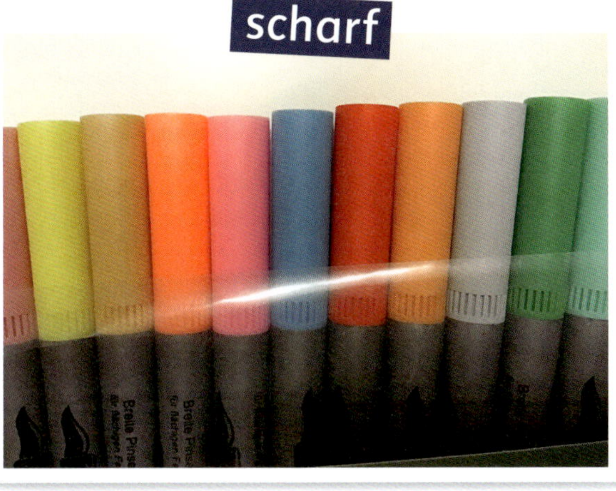

unscharf

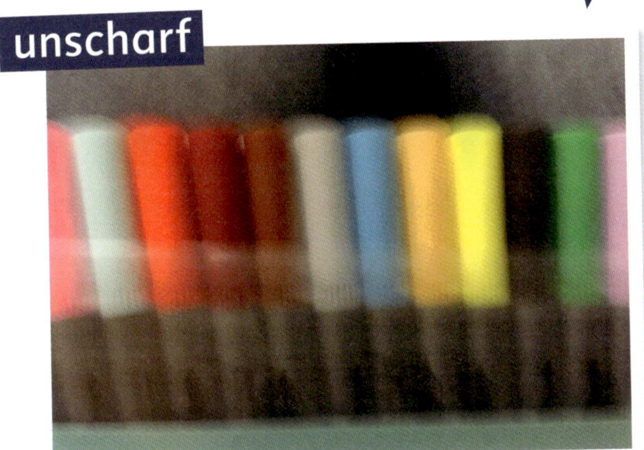

verwackelt

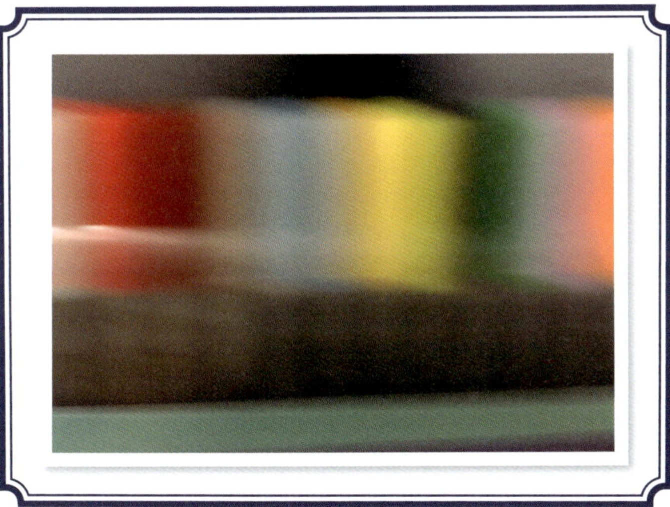


Illustrationen: Bettina Weyland | ISBN 978-3-8346-4431-2| www.verlagruhr.de

# Cool – Verwackelt! (2/2)

**Du brauchst:**

- ✔ Kamera
- ✔ möglichst viel buntes Material (Perlen, Knöpfe, Stifte, Wollreste …)

**Achtung!**

Manche Kameras haben eine LIVE-Funktion. Schalte diese vorher aus!

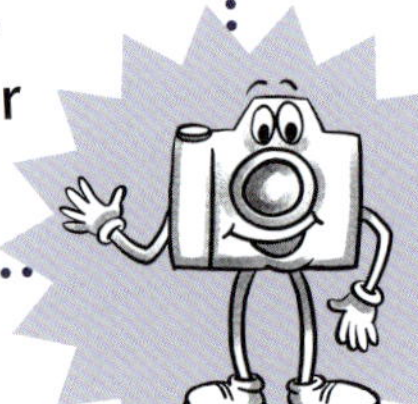

**So geht es:**

1. Nimm das bunte Material und lege es dicht zusammen auf den Tisch oder auf den Boden.
2. Fotografiere deine Sammlung einmal ganz normal – also scharf, sodass alles gut zu erkennen ist.
3. Wackele nun mit der Kamera ganz schnell über dem Material hin und her. Mache dabei mehrere Fotos.
4. Schaue dir deine Fotos an. Sind sie schon gut verwackelt und sehen wie ein Kunstwerk aus? Versuche es ansonsten noch einmal!
5. Bist du mit deinen Fotos zufrieden, sichere das beste Foto! ➜ 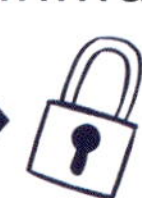
6. Lösche den Rest deiner Fotos! ➜

**Mein Tipp**

Wenn du dein scharfes und dein verwackeltes Foto ausdruckst, kannst du daraus ein *Fotopärchen-Spiel (S. 85)* basteln.




Illustrationen: Bettina Weyland | ISBN 978-3-8346-4431-2| www.verlagruhr.de

# Serielle Fotografie (1/2)

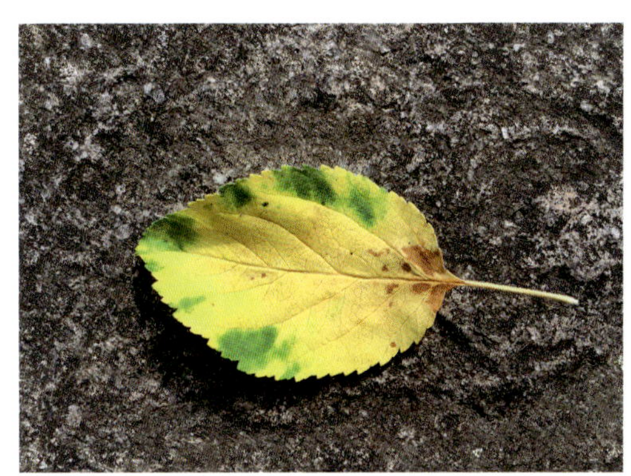

Schaue dir das Foto von dem Laubblatt an. Würdest du sagen, dass es ein Kunstwerk ist? Eher nicht!

Wenn man aber mehrere verschiedene Laubblätter vor demselben Hintergrund ganz gleich fotografiert und die Bilder dann nebeneinanderhängt, kommt ein Gesamtkunstwerk heraus. Plötzlich wirkt es interessanter und man schaut viel genauer hin.

Nun ist nicht mehr jedes einzelne Blatt wichtig. Die Blätter wirken als Einheit.

Diese Art von Fotokunst nennt man **Serielle Fotografie.**

Serielle Fotografie

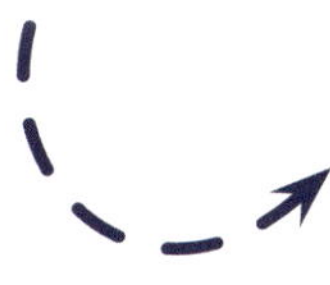

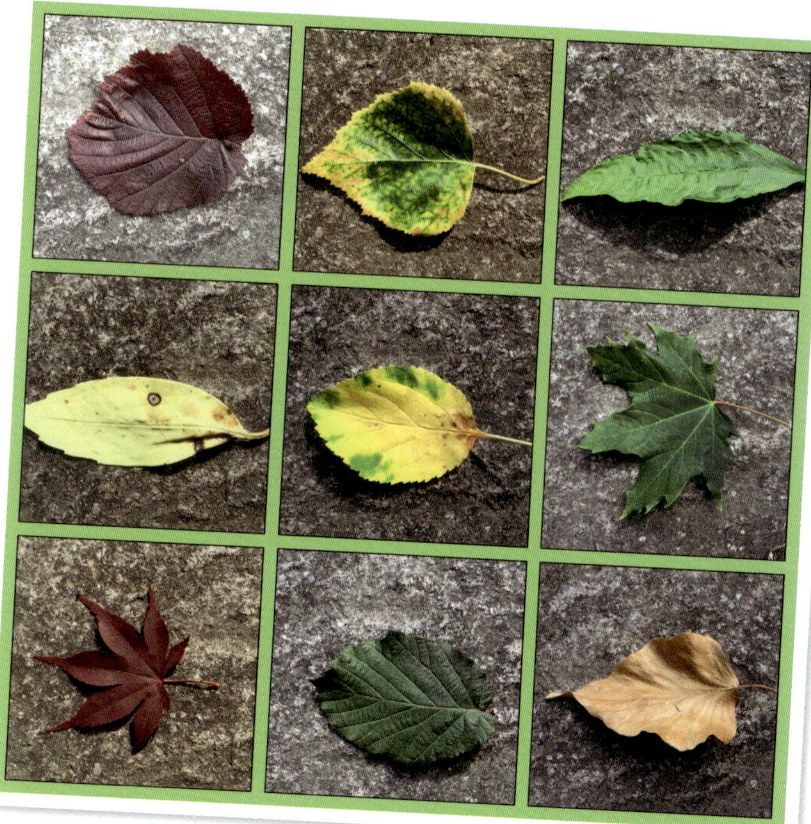

**Schon gewusst?**

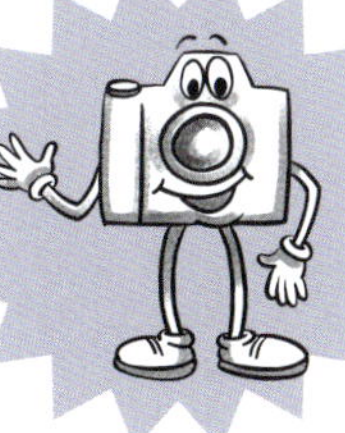

Ganz berühmt für **Serielle Fotografien** sind Hilla Becher (1934–2015) und Bernd Becher (1931–2007). Schaue dir im Internet Fotobeispiele von dem Fotografenpaar an. Suche auch unter dem Begriff „Serielle Fotografie". Dann findest du viele Beispiele.


Illustrationen: Bettina Weyland | ISBN 978-3-8346-4431-2| www.verlagruhr.de

# Serielle Fotografie (2/2)

**Du brauchst:**

- ✔ einen Gegenstand in verschiedenen Ausführungen (Steine, Schultaschen, Etuis, Blätter, Trinkflaschen, Schuhe …)
- ✔ einfarbigen Hintergrund/Untergrund (Fußboden, Teppich, Tisch, Tonpapier …)
- ✔ Kamera
- ✔ *Foto-Check-Karte (S. 94)*
- ✔ Internetzugang
- ✔ farblich passenden Tonkarton

**Mein Tipp**

Du kannst aus deinen Einzelfotos mit einem Fotoprogramm auch eine *Fotocollage (S. 76)* erstellen. So hast du sofort ein Gesamtkunstwerk vor dir. Oft können die Fotoprogramme auch einen **Filter** über die Fotos legen. Dann könntest du deine Fotos noch in Schwarz-Weiß-Aufnahmen verwandeln.

**So geht es:**

Nun bist du die Fotografin oder der Fotograf und machst mit diesem Trick aus ganz normalen Gegenständen Kunst.

1. Überlege, welches Motiv du fotografieren möchtest.
2. Suche dir dann mindestens 8 gleiche Gegenstände zusammen. Wenn du die Materialien anderer Kinder benötigst, frage sie um Erlaubnis.
3. Wähle einen passenden Untergrund oder Hintergrund aus, vor dem du deine Gegenstände fotografieren kannst.
4. Fotografiere nun nacheinander jeden Gegenstand einzeln. Achte dabei darauf, dass …
   - ➜ die Gegenstände immer gleich liegen.
   - ➜ du immer aus der gleichen Perspektive fotografierst.
   - ➜ der Abstand zwischen Kamera und Gegenstand immer gleich ist.
   - ➜ das Licht immer aus der gleichen Richtung kommt.
5. Schaue dir deine Fotos an. Kontrolliere mit der Foto-Check-Karte!
6. Wenn etwas nicht stimmt, mache neue Fotos.
7. Sichere von jedem Gegenstand das beste Foto! ➜
8. Lösche den Rest deiner Fotos! ➜
9. Wenn deine Fotos fertig sind, klebe sie dicht zusammen auf einen farblich passenden Tonkartonbogen. So wird dein Kunstwerk als Einheit perfekt.

# Lichtkunst-Fotos (1/2)

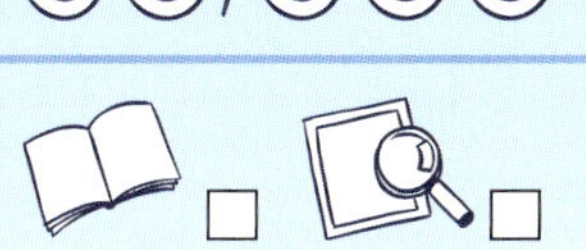



Licht ist natürlich wichtig, damit ein Foto hell genug wird und man überhaupt etwas erkennt.
Mit Licht und einigen durchsichtigen Materialien kann man aber auch viele tolle Experimente durchführen.
Die dabei entstehenden Farben, Muster und Bilder sind wahre Kunstwerke.
Sie sehen toll aus und man muss sie einfach fotografieren!

**Achtung!**
Schaut beim Experimentieren nicht direkt in die Sonne oder Lampen! Kommt den Lampen auch nicht zu nah. Sie könnten heiß werden!

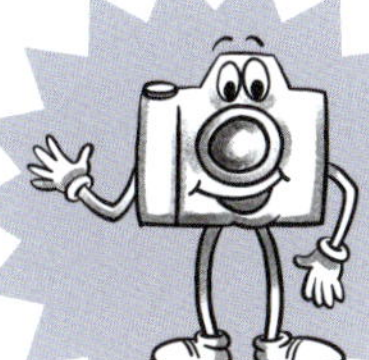

## Lichtfotografie mit Lampen

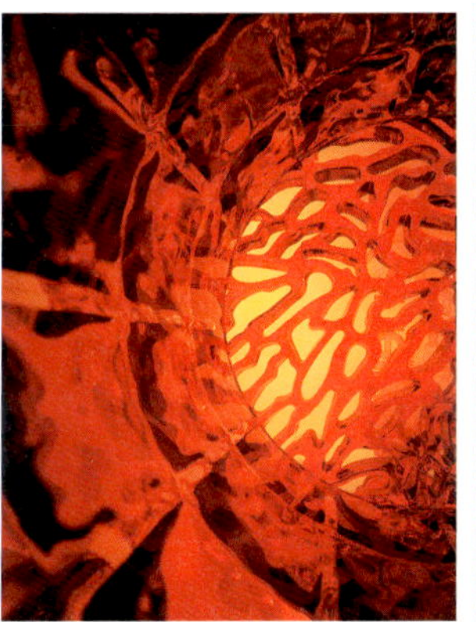

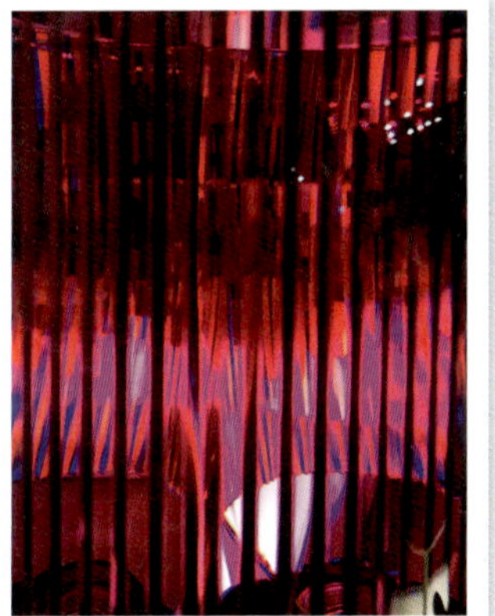

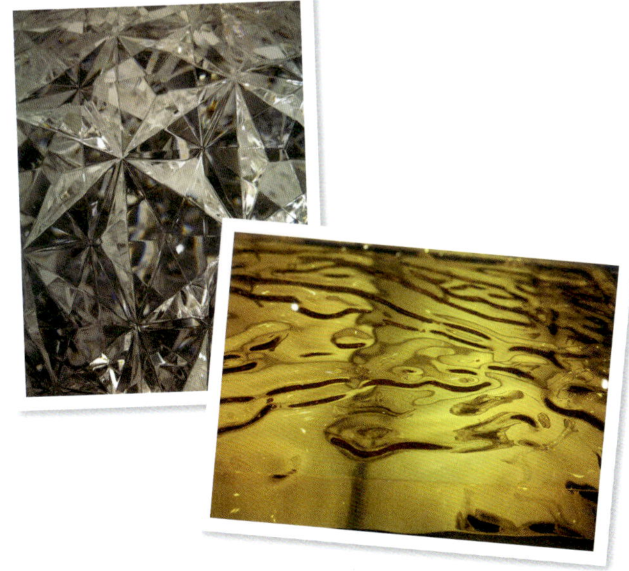

## Lichtfotografie mit Sonne

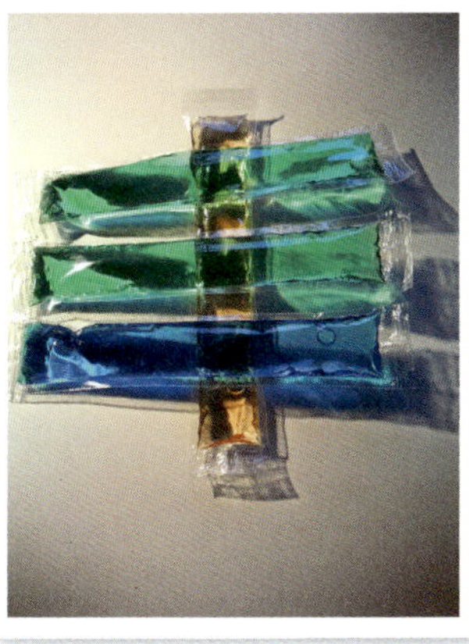

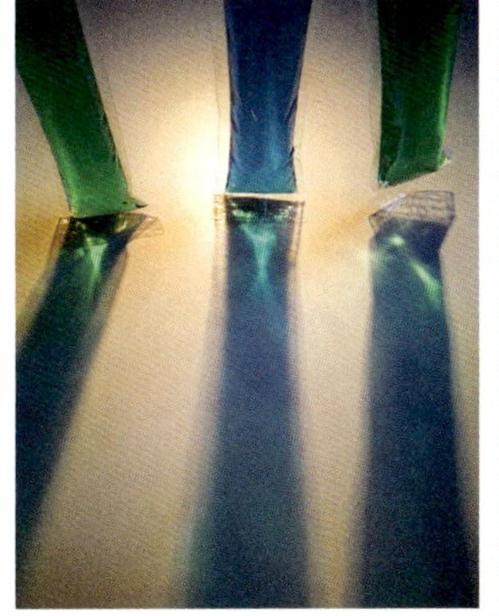

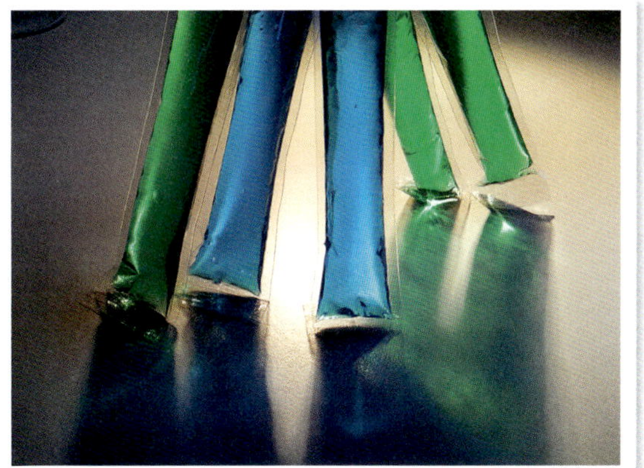

# Lichtkunst-Fotos (2/2)

**Ihr braucht:**

- ✔ Sonnenlicht oder eine Schreibtischlampe
- ✔ eventuell LED Farbstrahler, farbige Lampe
- ✔ durchsichtige Materialien: verschiedene Trinkgläser, bunte transparente Eislöffel, Acryl-Prismen, Farbfolien, Farblupen, Glasmurmeln, ungefrorenes Wassereis …
- ✔ 1 bis 2 Bogen weißes DIN-A3-Papier
- ✔ Uhr (normale Uhr, Eieruhr …)
- ✔ Kamera
- ✔ *Foto-Check-Karte (S. 94)*

**Meine Tipps**

1. Haltet ein Glas so zum Licht, dass alle Regenbogenfarben zu sehen sind.
2. Was geschieht, wenn ihr mehrere Dinge gleichzeitig aufbaut?
3. Haltet eine Farbfolie vor euren Gegenstand. Was passiert da?

**So geht es:**

1. Setzt euch in die Nähe des Fensters, sodass das Sonnenlicht auf euren Tisch scheint. Wenn es bewölkt ist, führt die Experimente mit einer Lampe durch. Wenn ihr mit Farbstrahlern oder bunten Lampen arbeitet, experimentiert in einer etwas dunkleren Ecke des Klassenraums und nicht am Fenster!
2. Legt das weiße Papier auf den Tisch in die Sonne.
3. Einigt euch, wer von euch zuerst experimentiert (Assistentin/Assistent) und wer zuerst die Fotografin oder der Fotograf ist.
   Verabredet eine Zeit bis zum Wechsel (zum Beispiel 5 bis 10 Minuten) und stellt die Dauer mit der Uhr ein.
4. Die Assistentin oder der Assistent stellt nacheinander die durchsichtigen Materialien auf das Papier in die Sonne und bewegt sie langsam hin und her, dreht sie und lässt das Licht immer wieder anders auf sie treffen.
   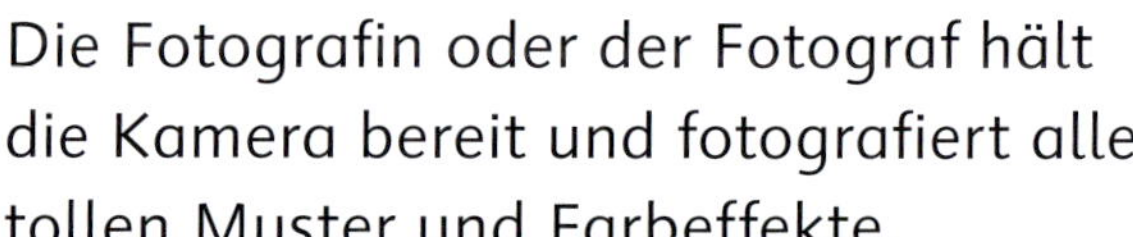
   Die Fotografin oder der Fotograf hält die Kamera bereit und fotografiert alle tollen Muster und Farbeffekte.
5. Wenn eure zuvor vereinbarte Zeit abgelaufen ist, wechselt die Rollen. Stellt auch dieses Mal die Uhr ein.
6. Schaut euch anschließend eure Fotos an. Überprüft sie auch mit der Foto-Check-Karte.
7. Ihr beide dürft eure 3 besten Fotos sichern! ➜
8. Löscht den Rest eurer Fotos! ➜

# Wassertropfen-Fotos (1/3)

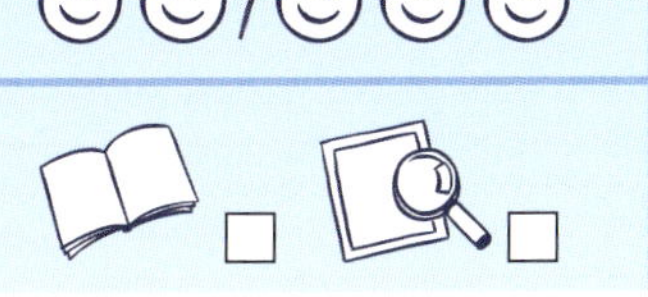


Mit ganz einfachen Tricks könnt ihr mit einigen Tropfen Wasser ganz tolle Fotos machen. Begebt euch auf spannende Farbentdeckungen mit Trick 1.
Fotografiert doch einmal im Regen mit Trick 2, ohne nass zu werden.

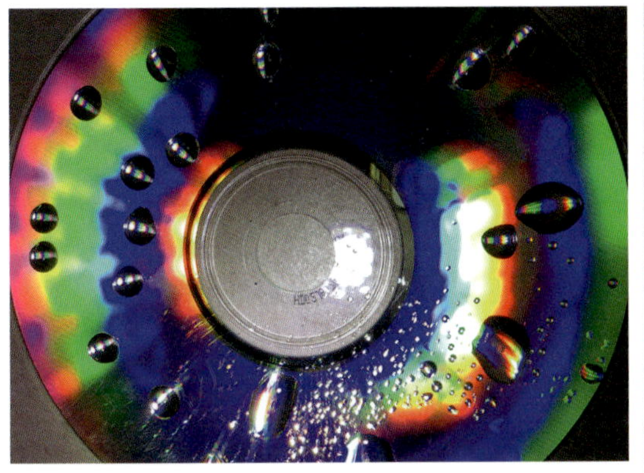

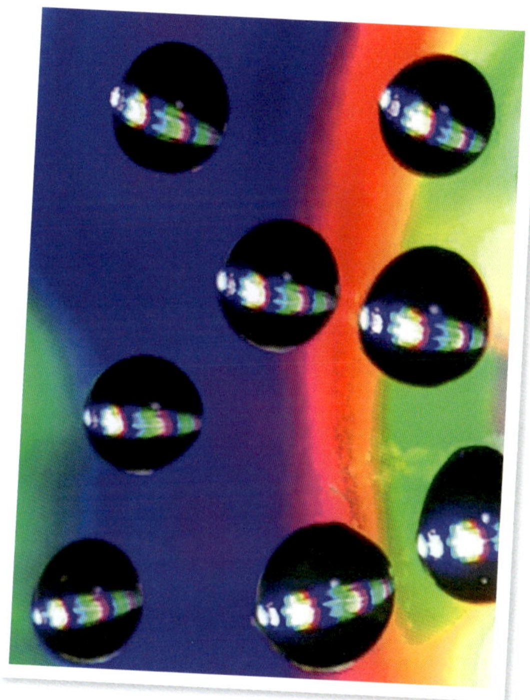

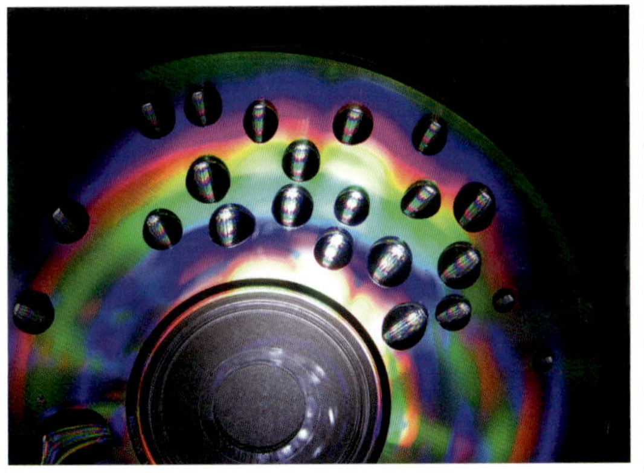

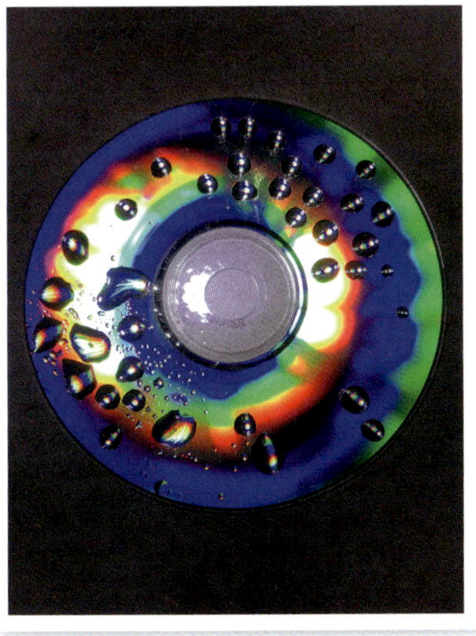

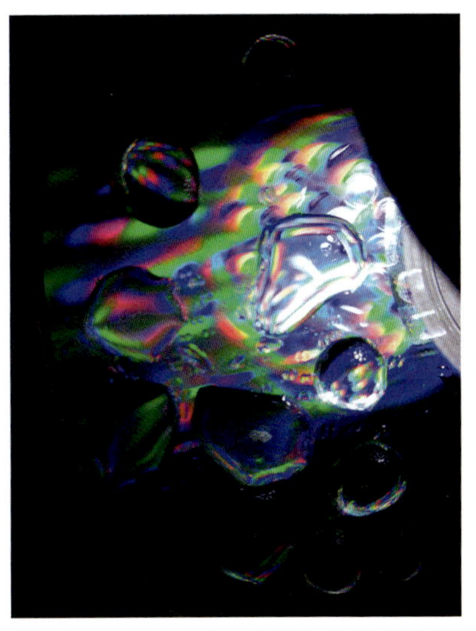


Illustrationen: Bettina Weyland | ISBN 978-3-8346-4431-2| www.verlagruhr.de

# Wassertropfen-Fotos (2/3)

## Trick 1

**Ihr braucht:**

- ✔ alte CD
- ✔ Sprühflasche oder Pipette mit Wasser
- ✔ Taschenlampe
- ✔ abgedunkelten Raum oder dunklere Zimmerecke
- ✔ Papiertücher oder Handtuch
- ✔ Kamera
- ✔ *Foto-Check-Karte (S. 94)*

**So geht es:**

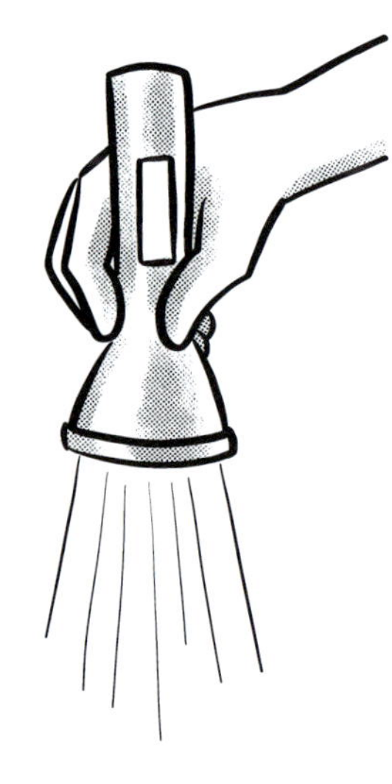

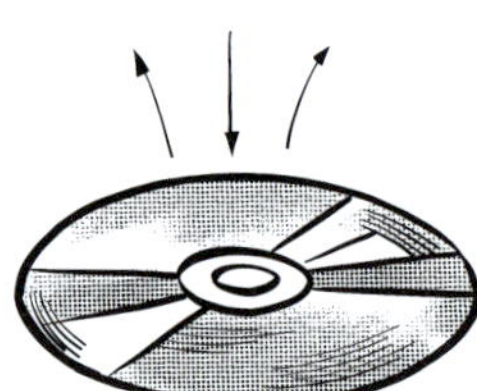

1. Besprecht, wer von euch zuerst die Fotografin oder der Fotograf ist und wer die Assistentin oder der Assistent ist.
2. Sucht euch einen Ort, an dem es etwas dunkler ist und der etwas weiter vom Fenster weg liegt.
3. Die Assistentin oder der Assistent legt die CD mit der silbernen, unbedruckten Seite nach oben auf den Tisch und sprüht oder tropft vorsichtig einige Tropfen Wasser auf die glänzende Seite.
4. Die Assistentin oder der Assistent hält die eingeschaltete Taschenlampe genau über die CD. So wird die CD ganz angestrahlt. Es entstehen tolle Farbeffekte in den Wassertropfen und auf der CD.
5. Die Fotografin oder der Fotograf macht von dem Farbspiel 10 verschiedene Fotos.
6. Wechselt dann eure Rollen.
7. Schaut euch eure Fotos an. Habt ihr tolle Farbwunder fotografiert? Kontrolliert auch mit der Foto-Check-Karte.
8. Wenn etwas nicht stimmt, macht neue Fotos.
9. Ihr beide dürft eure 2 besten Fotos sichern! ➜
10. Löscht den Rest eurer Fotos! ➜

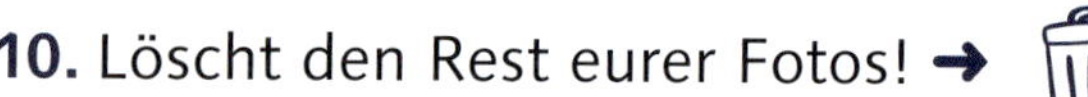

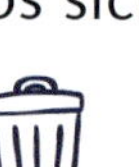




Illustrationen: Bettina Weyland | ISBN 978-3-8346-4431-2| www.verlagruhr.de

# Wassertropfen-Fotos (3/3)

## Trick 2

**Ihr braucht:**

- ✔ Glasscheibe (Bilderrahmenscheibe in der Größe 30x40 cm)
- ✔ Sprühflasche mit Wasser
- ✔ Papiertücher oder Handtuch
- ✔ Kamera
- ✔ *Foto-Check-Karte (S. 94)*

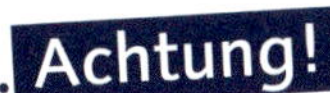

**Achtung!**

Glas ist zerbrechlich!
Arbeitet ganz vorsichtig!

**So geht es:**

1. Besprecht, wer von euch zuerst die Fotografin oder der Fotograf ist und wer das Fotomodell ist.
2. Schaltet alle Lampen aus!
3. Das Fotomodell stellt sich mit dem Rücken zum Fenster auf (Gegenlicht) und hält sich die Glasscheibe vor das Gesicht.
4. Der Fotograf sprüht etwas Wasser auf die Glasscheibe, sodass das Fotomodell in den Tropfen verschwimmt.
5. Nun kniet sich das Fotografenkind hin und fotografiert das Fotomodell von unten (Froschperspektive) durch die verregnete Scheibe. Es macht 10 verschiedene Fotos. Dabei achtet es darauf, dass nur das Gesicht des Modells zu sehen ist. Die Hände sind nicht zu sehen. Das Fotomodell kann verschiedene Gesichtsausdrücke machen: mal lustig, mal traurig, mal fröhlich …
6. Kontrolliert eure Fotos auch mit der Foto-Check-Karte.
7. Wenn ihr mit den Fotos zufrieden seid, wechselt eure Rollen. Ansonsten macht noch einmal neue Fotos.
8. Beide sichern die 2 besten Fotos von sich! ➜ 🔒
9. Löscht den Rest eurer Fotos! ➜ 🗑

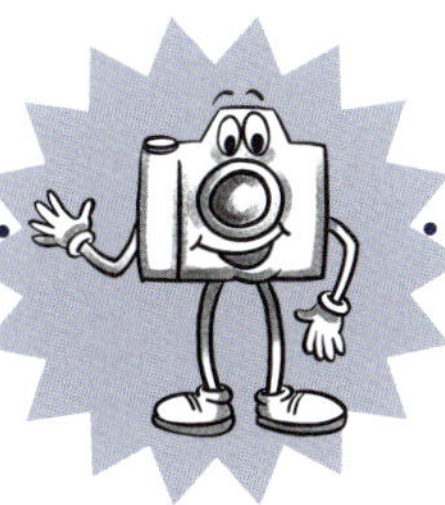

**Schon gewusst?**

Im Gegenlicht und aus der Froschperspektive spiegelt sich nicht mehr so viel Störendes in der Glasscheibe. Man sieht auf dem Foto so das Gesicht hinter den Tropfen besser.


Illustrationen: Bettina Weyland | ISBN 978-3-8346-4431-2| www.verlagruhr.de

# Ein Farb-Fototrick der Werbung

Klasse 3–4

Die beiden Farben, die sich genau im Farbkreis gegenüberliegen, nennt man Komplementärfarben. Sie sind in ihrem Farbton am unterschiedlichsten. Wenn man 2 Komplementärfarben direkt nebeneinanderhält, leuchten sie am besten und sehen am farbigsten aus. In der Werbung wird diese Wirkung oft genutzt: Ein grüner Salat sieht vor einem roten Hintergrund besonders frisch und lecker aus. So sollen Kunden zum Kaufen angeregt werden. Ohne dass man es merkt, beeinflussen Farben auf Fotos unser Verhalten. Sei einmal eine Werbefotografin oder ein Werbefotograf und mache mithilfe des Farbkreises besonders tolle Obst- und Gemüsefotos.

**Der Farbkreis**

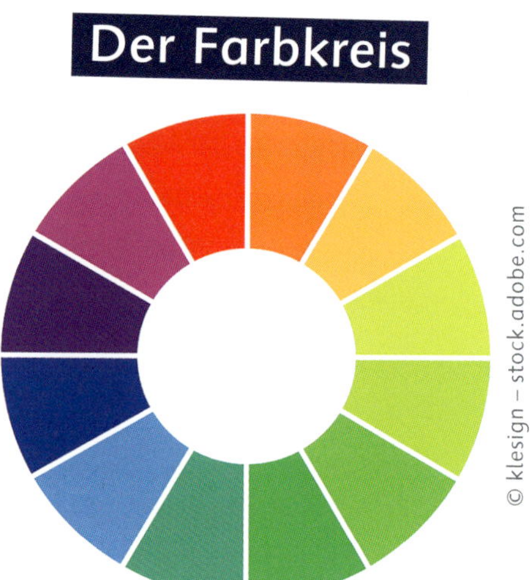



**Du brauchst:**

- ✔ Farbkreis (siehe oben)
- ✔ alle Farben des Farbkreises als Tonpapierbogen (DIN A1)
- ✔ Obst und Gemüse in vielen Farben (Karotte, Paprika, Banane, Pflaume, Apfel, Gurke …)
- ✔ Kamera
- ✔ *Foto-Check-Karte (S. 94)*

**Schon gewusst?**

Manchmal werden Lebensmittel noch mit Wasser besprüht oder ganz besonders angeleuchtet, damit sie auf den Fotos knackig und frisch aussehen.

**So geht es:**

1. Wähle ein Gemüse oder Obst aus. Bestimme mithilfe des Farbkreises die Farbe. Entscheide dich für den Farbton, der am besten passt.
2. Suche dann auf dem Farbkreis die Komplementärfarbe – also die gegenüberliegende Farbe. Nimm dir dann diese Farbe als Tonpapier.
3. Nimm dir auch noch ein anderes Tonpapier in der Farbe deiner Wahl.
4. Fotografiere dein Obst oder Gemüse auf beiden Tonpapierbögen. Achte darauf, dass nichts anderes auf dem Foto zu sehen ist.
5. Vergleiche deine Fotos. Kannst du die unterschiedliche Wirkung der Komplementärfarbe im Hintergrund auf dein Lebensmittel erkennen?
6. Fotografiere so mehrere Obst- oder Gemüsesorten. Vergleiche deine Fotos.
7. Kontrolliere mit der Foto-Check-Karte.
8. Sichere deine 2 Lieblingsfotos! →
9. Lösche den Rest deiner Fotos! →

Illustrationen: Bettina Weyland | ISBN 978-3-8346-4431-2| www.verlagruhr.de

# Kurze Fotodokumentationen

Fotos halten Momente dauerhaft fest.
Die entstandenen Fotos können anschließend weiter genutzt werden. Sie können auch als Anleitung oder Nachschlagewerk dienen und andere Menschen informieren.
Erstellt eine Fotodokumentation zu einem Thema eurer Wahl.

**Mein Tipp**

Vielleicht könnt ihr eure Fotodokumentation auch Kindern anderer Klassen eurer Schule vorstellen und sie in ihrem Lernen unterstützen!

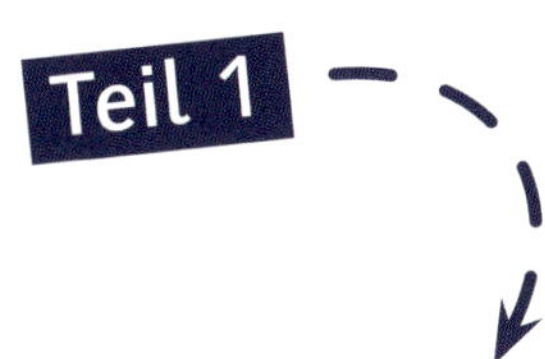


**Ihr braucht:**

- ✔ *Ideensammlung (S. 42)*
- ✔ Materialien passend zum Thema
- ✔ Stift
- ✔ Kamera
- ✔ *Foto-Check-Karte (S. 94)*

**So geht es:**

1. Lest euch die Ideensammlung für Fotodokumentationen durch.
2. Wählt eine Idee aus, die ihr fotografieren möchtet. Habt ihr eine eigene Idee, dann schreibt sie auf die freie Linie und sprecht sie mit eurer Lehrerin oder eurem Lehrer ab.
3. Sucht euch alle benötigten Materialien zusammen. Was ist vorhanden? Was müsst ihr noch mitbringen oder basteln?
4. Überlegt, welche Fotos ihr braucht.
5. Fotografiert Schritt für Schritt.
6. Schaut euch dann eure Fotos an. Überlegt, ob ihr alle nötigen Schritte fotografiert habt. Kontrolliert sie auch mit der Foto-Check-Karte.
7. Zeigt eure Fotodokumentation 2 Kindern eurer Klasse und holt euch Tipps. Falls noch Fotos fehlen, könnt ihr sie ergänzen.
8. Sichert eure fertige Fotodokumentation! ➜
9. Löscht den Rest eurer Fotos! ➜

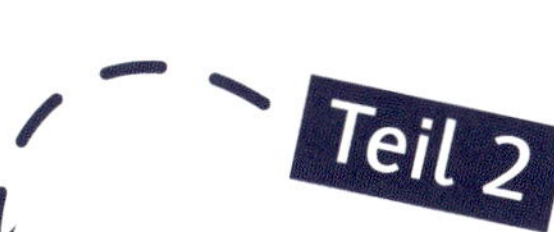


**Ihr braucht:**

- ✔ fertige Fotos
- ✔ Plakatkarton oder Fotoalbum
- ✔ Kleber

**So geht es:**

1. Klebt eure fertigen Fotos in der richtigen Reihenfolge auf ein Plakat oder in ein Fotoalbum.
2. Zeigt eure Fotodokumentation anderen Kindern eurer Klasse.


Illustrationen: Bettina Weyland | ISBN 978-3-8346-4431-2| www.verlagruhr.de

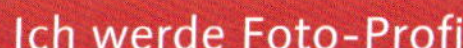

# Kurze Fotodokumentationen: *Ideensammlung*

**Wählt eine Idee aus**

- [ ] Das macht ein Anspitzer und so funktioniert er!
- [ ] So bindet man eine Schleife!
- [ ] Ordentliches Unterstreichen mit dem Lineal!
- [ ] Handstand genau betrachtet!
- [ ] So sieht ein verkehrssicheres Fahrrad aus!
- [ ] Wir basteln ein Dosentelefon!
- [ ] So trennt man Müll richtig!
- [ ] So geht schriftliches Addieren oder Subtrahieren!
- [ ] ..........................................................................

**Schon gewusst?**

Natürlich gibt es auch Fotodokumentationen, für die man über einen längeren oder sogar jahrelangen Zeitraum Fotos machen muss: zum Beispiel die Entwicklung einer Raupe zum Schmetterling, der Bau eines Hochhauses oder aber auch das Wachsen eines großen Baumes aus einem Samenkorn.
Deine Eltern haben vielleicht auch eine kleine Fotodokumentation von dir angefertigt: vom Baby zum Kindergartenkind und nun zum Schulkind.



Illustrationen: Bettina Weyland | ISBN 978-3-8346-4431-2| www.verlagruhr.de

# Ein Foto-Roman (1/2)

☺/☺☺/☺☺☺ Klasse 4

Ein Foto-Roman ist so ähnlich wie eine Bildergeschichte. Er erinnert ein wenig an einen Comic. Nur dass die Bilder nicht gezeichnet, sondern fotografiert werden. Jedes Foto hat einen passenden Text. So wird mit Bild und Text eine Geschichte erzählt.

Es gibt 2 unterschiedliche Wege, um einen Foto-Roman zu erstellen. Beim 1. Weg fotografiert man die Geschichte und schreibt anschließend zu den Fotos die passenden Texte.
Beim 2. Weg schreibt man zuerst die Texte und fotografiert dann passend.

**Du brauchst für die Foto-Szenen:**

- ✔ 2 bis 3 Gegenstände als Hauptfiguren (Figuren, Autos, Puppen, Stofftiere, Obst …)
- ✔ Spielort oder Bühne
- ✔ Material für die Spielszenen (Papier, Karton, Bausteine, Naturmaterialien …)
- ✔ Kamera
- ✔ ggf. Kamerastativ
- ✔ *Foto-Check-Karte (S. 94)*

**Du brauchst für den Roman:**

- ✔ Papier zum Vorschreiben
- ✔ *Vorlage Sprechblasen (S. 45)* mehrfach kopiert
- ✔ Stift
- ✔ *Vorlage Romanseiten (S. 46)* auf DIN A4 vergrößert
- ✔ fertige Fotos
- ✔ Kleber
- ✔ Schere

**Mein Tipp**

Wenn du mit Foto-Romanen ein wenig Übung hast, kannst du mit deinen Freunden und Freundinnen aus der Klasse einen Foto-Roman entwickeln. Ihr seid dann die Schauspieler und Schauspielerinnen und stellt eine Geschichte dar.


Illustrationen: Bettina Weyland | ISBN 978-3-8346-4431-2| www.verlagruhr.de

# Ein Foto-Roman (2/2)

**So geht es:**

1. Überlege dir eine kleine Geschichte. Entscheide dich dann, ob du deine Geschichte erst aufschreibst und dann fotografierst oder umgekehrt.
2. Stelle die Fotos und die Geschichte für deinen Foto-Roman her.
3. Überprüfe, ob die Fotos und die Texte zusammenpassen. Wenn etwas noch nicht stimmt, verbessere es.
4. Sichere die Roman-Fotos! ➜
5. Lösche die restlichen Fotos! ➜
6. Klebe die fertigen Fotos auf die Romanseiten. Schreibe immer die passenden Texte zu den Bildern!
   Wenn du willst, kannst du noch Sprechblasen ausschneiden, beschriften und dazukleben.

**Mein Tipp**

Hier findest du Ideen für kleine Geschichten:

1. Henriette trifft einen Dinosaurier
2. Julius findet einen Schatz
3. Ein Spaziergang im Park
4. Die Reise ins All
5. Das Autorennen

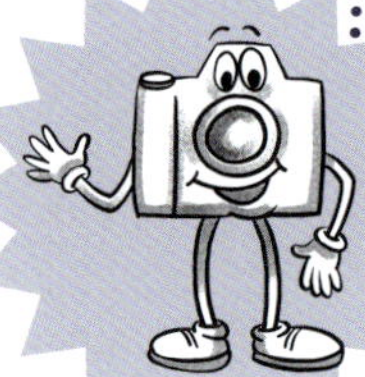

7. Hänge deinen Foto-Roman in der Klasse aus oder hefte ihn zusammen in eine Mappe. So können alle Kinder aus der Klasse den Roman lesen und anschauen.

| Tipps für die Fotos | Tipps für die Geschichte |
|---|---|
| ➜ Welche Materialien brauchst du für die Fotos?<br>➜ Suche dir für die Fotos einen passenden Spielort und richte alles passend ein.<br>➜ Wo sollen deine Figuren stehen?<br>➜ Wie verändert sich die Szene von Bild zu Bild?<br>➜ 5 bis 8 verschiedene Fotos sind für einen ersten Foto-Roman eine gute Anzahl.<br>➜ Kontrolliere die Fotos mit der Foto-Check-Karte. | ➜ Schreibe deine Geschichte vor.<br>➜ Achte darauf, dass die Geschichte nicht zu lang und nicht zu kurz ist. Pro Bild sind 3 bis 4 Sätze eine gute Anzahl.<br>➜ Überlege dir einen Titel.<br>➜ Welche Namen haben deine Figuren?<br>➜ Gibt es eine gute Einleitung und einen passenden Schluss?<br>➜ Unterhalten sich deine Figuren?<br>➜ Kontrolliere die Rechtschreibung in der Geschichte. |




Illustrationen: Bettina Weyland | ISBN 978-3-8346-4431-2| www.verlagruhr.de

# Ein Foto-Roman: *Vorlage Sprechblasen*

**Mein Tipp**

Wenn ihr die Sprechblasen auf selbstklebendes Druckerpapier kopiert, könnt ihr sie noch einfacher in euren Foto-Roman einkleben.


Illustrationen: Bettina Weyland | ISBN 978-3-8346-4431-2| www.verlagruhr.de

# Ein Foto-Roman: *Vorlage Romanseiten*

Mein Foto-Roman

Titel:

geschrieben von:

Fotograf/Fotografin:

Klebe hier das Foto ein.

Seite ______




ISBN 978-3-8346-4431-2| www.verlagruhr.de

# 3. Ich als Foto-Modell

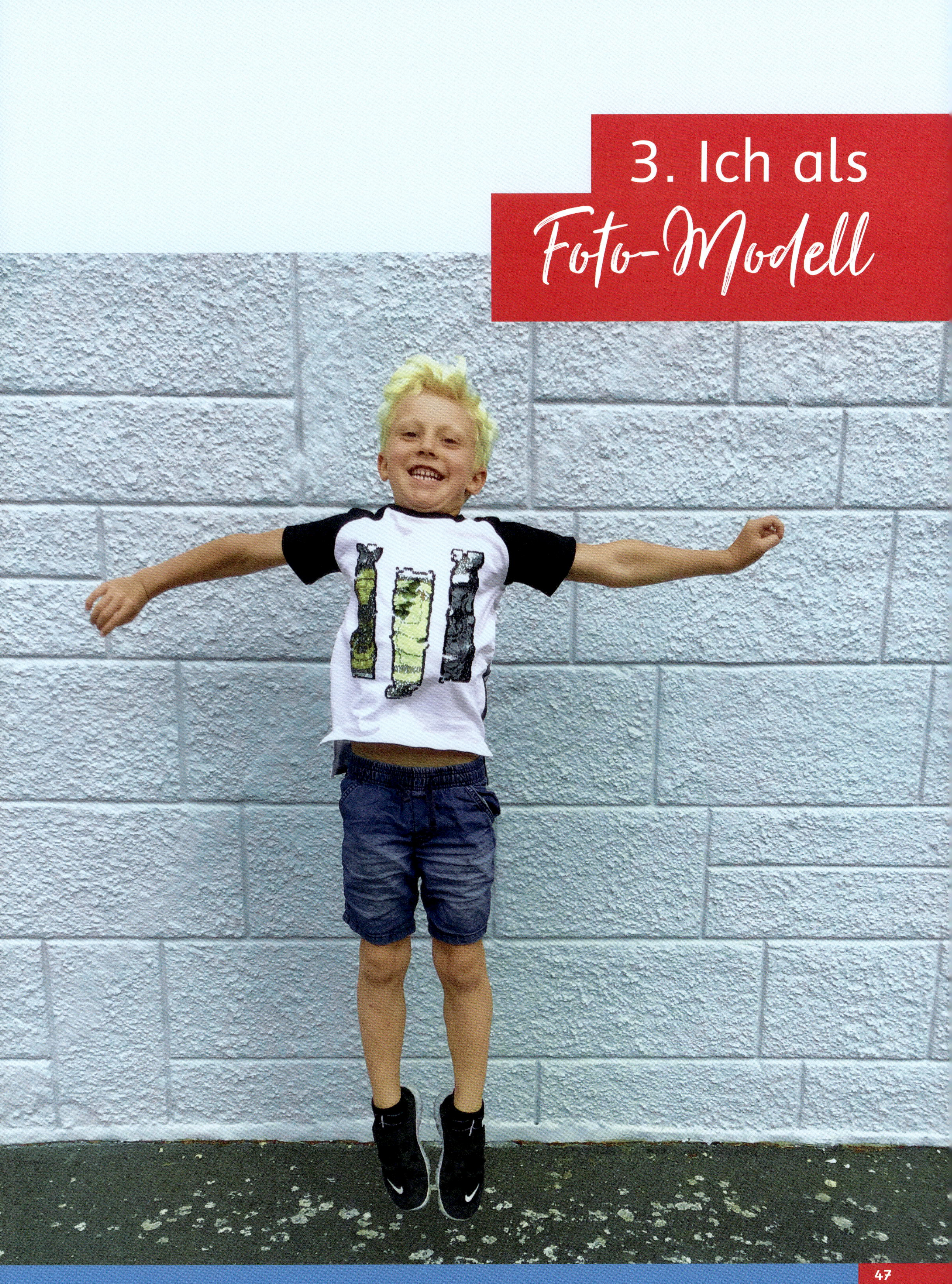

# Ich als Fotograf/Fotografin

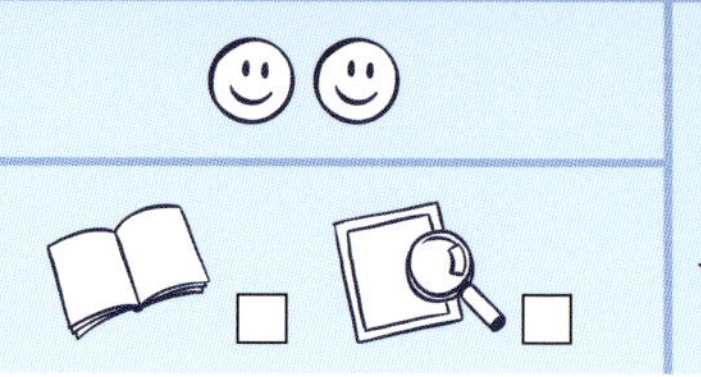

Klasse 1–4

Wusstet ihr, dass Fotograf oder Fotografin ein richtiger Beruf ist? Fotografinnen und Fotografen reisen zu den verschiedensten Orten der Welt und fotografieren die verschiedensten Motive, die ihr euch nur vorstellen könnt.
Im Unterricht oder in der Freizeit habt ihr bestimmt auch schon viel fotografiert.
Lasst euch als Fotograf oder als Fotografin bei dieser Arbeit fotografieren!

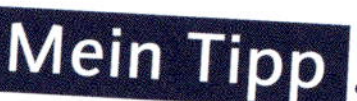


Klebt die Fotos vorne auf eure Fotografen-Ausweise! (S. 92)

**Ihr braucht:**

- ✔ Fotoapparat als Dekoration (kann auch alt und kaputt sein)
- ✔ Kamera
- ✔ *Foto-Check-Karte (S. 94)*

**So geht es:**

1. Nehmt euch den Fotoapparat und die Kamera.
2. Sucht euch einen interessanten Hintergrund (Wand mit Bildern, Schulgebäude, Mauer, Bäume ...)
3. Ein Kind spielt zuerst das Fotomodell, stellt sich vor den Hintergrund und „fotografiert" mit dem alten, kaputten Fotoapparat. Dabei schaut es durch den Fotoapparat. Wichtig ist, dass man das Fotomodell und den Fotoapparat gut sieht. Die echte Fotografin oder der echte Fotograf fotografiert das Fotomodell bei dieser Arbeit.
4. Macht bis zu 8 verschiedene Fotos vom Modell.
5. Schaut euch eure Fotos an. Kontrolliert mit der Foto-Check-Karte. Überprüft auch, ob der Job als Fotografin oder Fotograf deutlich wird.
6. Wenn etwas nicht stimmt, macht neue Fotos.
7. Wechselt dann eure Rollen.
8. Das beste Foto von sich wird gesichert! ➜
9. Löscht den Rest eurer Fotos! ➜ 

Illustrationen: Bettina Weyland | ISBN 978-3-8346-4431-2| www.verlagruhr.de

# Ich kann fliegen (1/2)

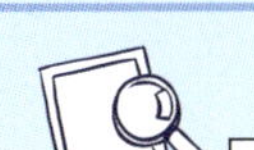



Wie wäre es, wenn ihr plötzlich Flügel hättet und wie ein Schmetterling, Vogel, Engel oder Superheld losfliegen könntet? Wie würden eure Flügel aussehen? Hättet ihr irgendeinen Düsenantrieb mit Superkräften? Wo würdet ihr hinfliegen?
Malt euch eure Ideen einfach auf den Rücken!

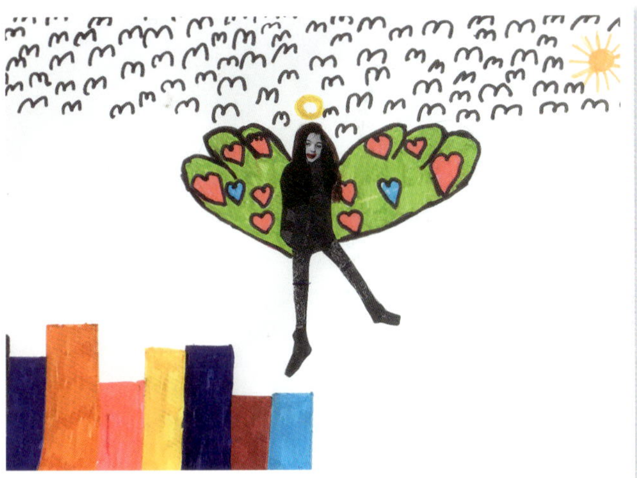

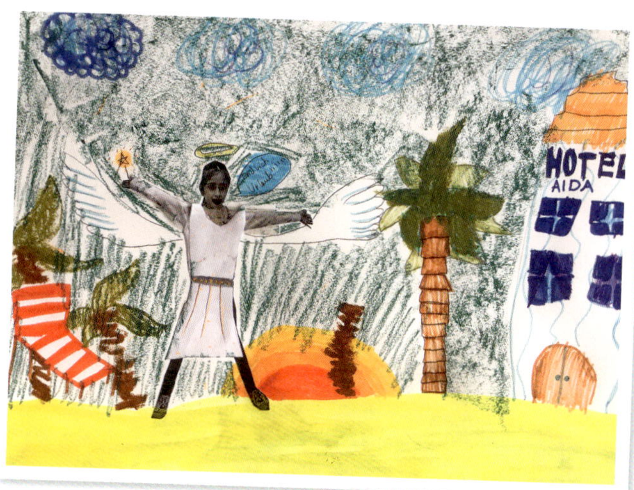


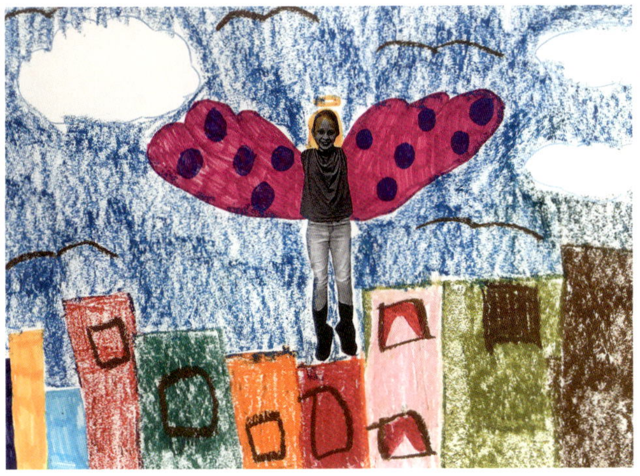

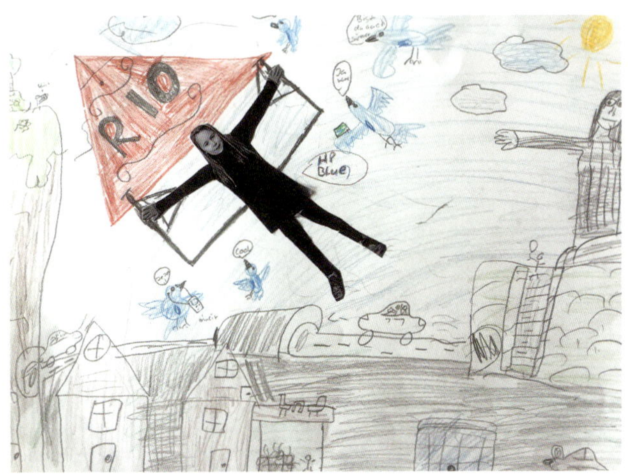





Illustrationen: Bettina Weyland | ISBN 978-3-8346-4431-2| www.verlagruhr.de

# Ich kann fliegen (2/2)

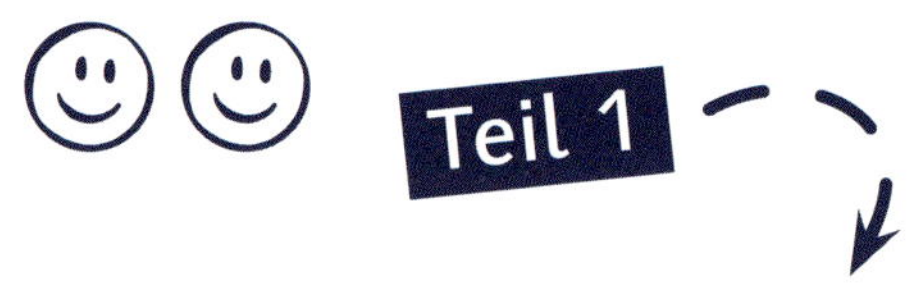


Den 1. Teil bearbeitet ihr zu zweit.

**Ihr braucht:**

- ✔ Kamera
- ✔ *Foto-Check-Karte (S. 94)*

**So geht es:**

1. Sucht euch einen einfarbigen Hintergrund.
2. Besprecht, wer von euch zuerst der Fotograf oder die Fotografin und wer das Fotomodell ist.
3. Fotografiert euch als Ganzfigur von vorne. Ihr könnt, wie beim Fliegen, die Arme nach oben oder zur Seite strecken. Probiert verschiedene Posen (Haltungen) aus. Fotografiert euch gegenseitig.
4. Schaut euch eure Fotos an. Kontrolliert die Fotos mit der Foto-Check-Karte. Achtet auch darauf, dass ihr möglichst groß und ganz auf dem Foto seid.
5. Wenn etwas nicht stimmt, macht neue Fotos.
6. Sichert das beste Foto! ➜ 
7. Löscht den Rest eurer Fotos! ➜

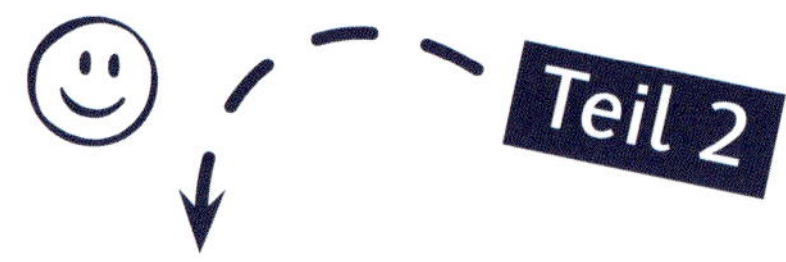


Den 2. Teil bearbeitet ihr allein.

**Du brauchst:**

- ✔ fertiges Foto (aus Teil 1), eventuell vergrößert
- ✔ weißes, festeres Malpapier (DIN A3)
- ✔ Schere
- ✔ Kleber
- ✔ Bunt-, Filzstifte, Ölkreide und/oder Wasserfarbe

**So geht es:**

1. Schneide dich aus dem Foto aus. Schneide so genau wie möglich.
2. Klebe dich auf das weiße Papier. Du kannst dich überall hinkleben!
3. Male dir Flügel. Es können Schmetterlingsflügel, Engelsflügel, Superheldantriebe und/oder einfach Fantasieflügel zum Fliegen sein.
4. Male die Welt, in der du herumfliegst, dazu. Sie kann wie eine echte Landschaft aussehen, aber auch ganz fantasievoll sein.

**Achtung!**

**Ganzfigur** bedeutet: Die ganze Person ist zu sehen!

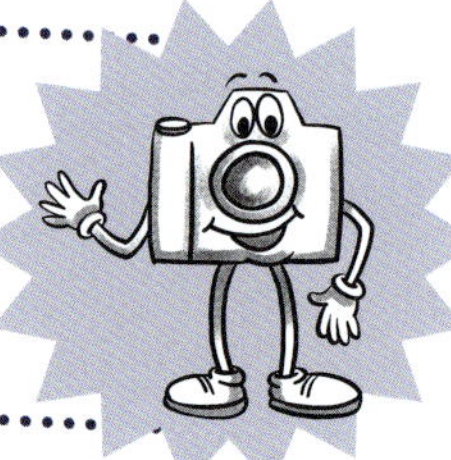



© Verlag an der Ruhr | Autorin: Stephanie Cech-Wenning
Illustrationen: Bettina Weyland | ISBN 978-3-8346-4431-2| www.verlagruhr.de

# Mein Foto-Steckbrief

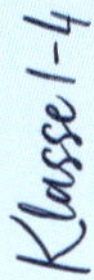


Bestimmt hast du schon in ein Freunde-Buch geschrieben. Dort erzählt man steckbriefartig, also kurz, wer man ist und was man mag oder auch nicht. Fertige einen Foto-Steckbrief von dir an. Dann sehen alle sofort, wer du bist!

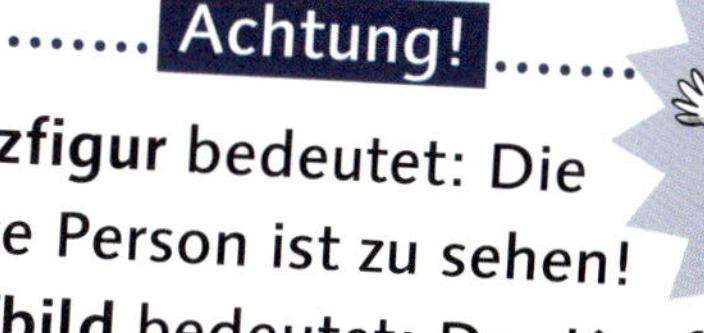

**Achtung!**

**Ganzfigur** bedeutet: Die ganze Person ist zu sehen!
**Kopfbild** bedeutet: Der Kopf und der Hals sind zu sehen.

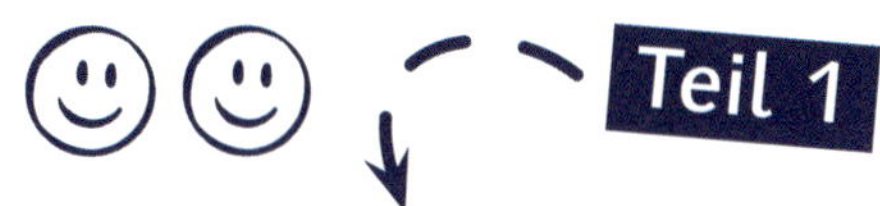


Den 1. Teil bearbeitet ihr zu zweit.

**Ihr braucht:**

- ✔ viele Lieblingssachen von euch (Kuscheltier, Spielzeug, Buch ...)
- ✔ einfarbigen Hintergrund
- ✔ Kamera
- ✔ *Foto-Check-Karte (S. 94)*

**So geht es:**

1. Bitte ein Kind, ein Foto von dir zu machen. Es kann ein Ganzfigur-Foto oder nur ein Kopfbild sein.
2. Fotografiere alle Sachen, die zu dir gehören und die du über dich verraten willst. Lege deine Sachen nacheinander vor oder auf den einfarbigen Hintergrund. Mache von jeder Sache 3 Fotos.
3. Schaue dir die Fotos an. Kontrolliere mit der Foto-Check-Karte.
4. Sichere das beste Foto von jeder Sache! ➜
5. Lösche den Rest der Fotos! ➜

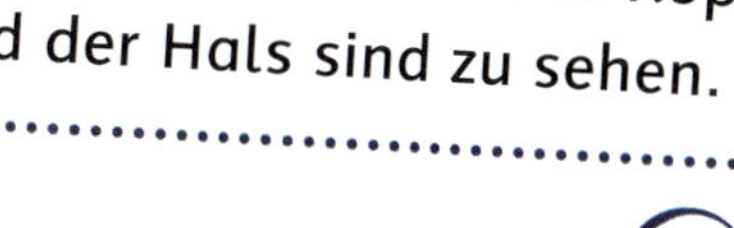


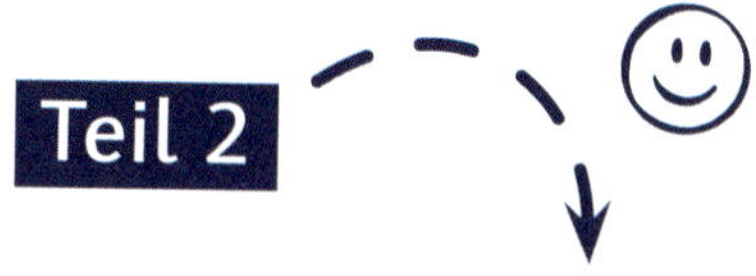

Den 2. Teil bearbeitet ihr allein.

**Du brauchst:**

- ✔ fertige Fotos (aus Teil 1)
- ✔ DIN-A3- oder A2-Pappe oder Plakatkarton in deiner Lieblingsfarbe
- ✔ Kleber
- ✔ Schere
- ✔ Stifte

**So geht es:**

1. Schaue dir alle Fotos an.
2. Überlege, wie du die Fotos aufkleben willst. Lege sie zunächst nur hin. Du kannst sie geordnet, aber auch durcheinander hinlegen. Wenn du magst, kannst du deine Lieblingssachen auch ausschneiden.
3. Wenn dir deine Anordnung gefällt, klebe alles auf.
4. Schreibe deinen Namen auf den Steckbrief.
5. Hänge ihn in der Klasse auf.


Illustrationen: Bettina Weyland | ISBN 978-3-8346-4431-2| www.verlagruhr.de

# Spaß-Fotos mit Lupe

Habt ihr die Welt schon einmal durch eine Lupe betrachtet? Besonders lustig wird es, wenn ihr euch selbst vergrößert.

Macht lustige Lupenfotos von euch!
Viel Spaß beim Lachen!

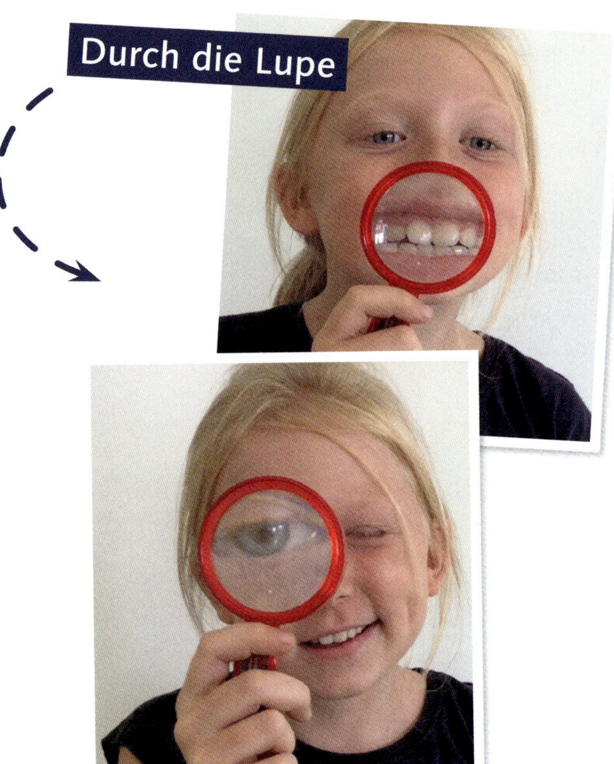


**Ihr braucht:**

- ✔ einfarbigen Hintergrund
- ✔ Lupe
- ✔ Kamera
- ✔ *Foto-Check-Karte (S. 94)*

**So geht es:**

1. Sucht euch einen einfarbigen Hintergrund.
2. Besprecht, wer von euch zuerst fotografiert und wer das Fotomodell ist.
3. Das Fotomodell hält sich die Lupe vor das Gesicht (Auge, Nase, Mund ...). Die Fotografin oder der Fotograf muss Anweisungen geben, damit die Lupe richtig gehalten wird. Das Gesichtsteil soll riesig erscheinen.
4. Macht bis zu 10 verschiedene Fotos.
5. Wechselt dann eure Rollen.
6. Schaut euch die Fotos an. Kontrolliert mit der Foto-Check-Karte! Achtet darauf, dass alles riesig und lustig aussieht.
7. Wenn etwas nicht stimmt, macht neue Fotos.
8. Ihr dürft beide 2 lustige Fotos sichern! ➜ 
9. Löscht den Rest eurer Fotos! ➜

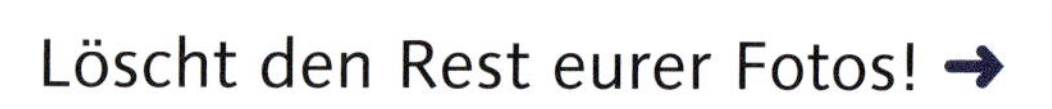

**Mein Tipp**

Hängt die Fotos in eurer Klasse auf oder bastelt ein Spaß-Fotoalbum. Diese Fotos bringen euch bestimmt immer wieder zum Lachen!

# Porträtfotografie

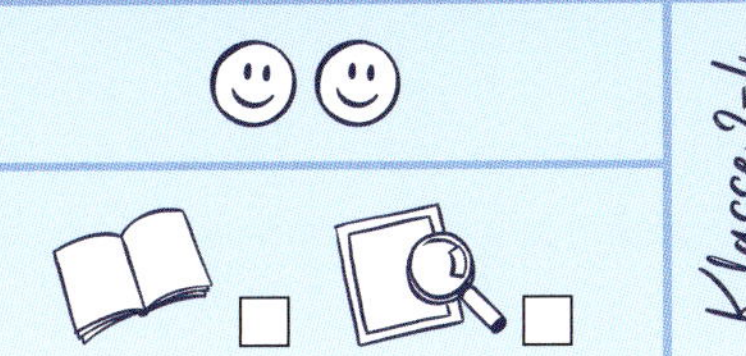


Auf einem Porträt wird eine Person gezeigt. Ein Porträt kann zum Beispiel ein Foto, ein Gemälde oder eine Skulptur von einer Person sein. Dabei ist immer unterschiedlich viel von der Person zu sehen.
Macht verschiedene Porträtfotos von euch:

**Schon gewusst?**
Wenn du selbst ein Porträtfoto von dir machst, nennt man das **Selfie**!

**Ganzfigur** → Die ganze Person ist zu sehen.

**Kopfbild** → Der Kopf und der Hals sind zu sehen.

**Schulterstück** → Die Schultern und der Kopf sind zu sehen.

**Halbfigur** → Der Oberkörper und der Kopf sind zu sehen.

**Ihr braucht:**

- ✔ Kamera
- ✔ einfarbigen Hintergrund
- ✔ *Foto-Check-Karte (S. 94)*

**Mein Tipp**
Ihr könnt euer Porträtfoto gut auf euren Fotografen-Ausweis (S. 92) kleben!

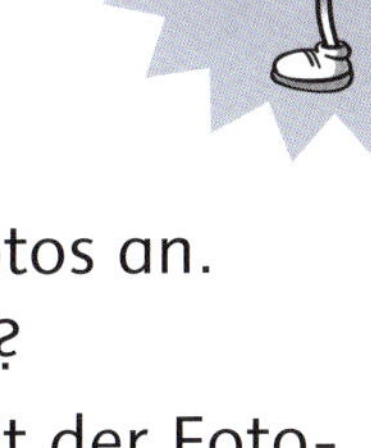

**So geht es:**

1. Sucht euch einen einfarbigen Hintergrund.
2. Besprecht, wer zuerst fotografiert und wer das Fotomodell ist.
3. Fotografiert euch gegenseitig. Macht 2 Fotos in allen 4 Porträt-Arten von euch: Ganzfigur, Kopfbild, Schulterstück, Halbfigur.
4. Schaut euch eure Fotos an. Mögt ihr eure Fotos? Kontrolliert auch mit der Foto-Check-Karte!
5. Wenn etwas nicht stimmt, macht neue Fotos.
6. Jede und jeder sichert das beste Porträt von sich! →
7. Löscht den Rest eurer Fotos! → 

Illustrationen: Bettina Weyland | ISBN 978-3-8346-4431-2| www.verlagruhr.de

# Das bin ich!
## *Fotowürfel*

*Klasse 2-4*

Wenn ihr euch im Spiegel anschaut, seht ihr euch meistens von vorne. Aber ihr habt ja noch mehrere Seiten! Von rechts seht ihr anders aus als von links – und von hinten seht ihr wieder anders aus. Alle Ansichten gehören zu euch. Fotografiert euch deshalb gegenseitig von allen Seiten und stellt einen Fotowürfel von euch her.

**Ihr braucht:**

- ✔ einfarbigen Hintergrund
- ✔ Kamera
- ✔ *Foto-Check-Karte (S. 94)*
- ✔ *Der Fotowürfel (S. 82/83)*

**So geht es:**

1. Sucht euch einen einfarbigen Hintergrund.
2. Besprecht, wer zuerst fotografiert und wer das Fotomodell ist.
3. Fotografiert euch gegenseitig. Macht folgende 5 Fotos von euch:
   - ➜ Kopfbild
   - ➜ Ganzfigur von vorne
   - ➜ Ganzfigur von hinten
   - ➜ Ganzfigur von rechts (seitlich)
   - ➜ Ganzfigur von links (seitlich)
4. Schaut euch eure Fotos an. Mögt ihr eure Fotos? Kontrolliert auch mit der Foto-Check-Karte!
5. Wenn etwas nicht stimmt, macht neue Fotos.
6. Sichert das beste Foto von jeder Ansicht. Jede oder jeder muss also 5 Fotos von sich sichern! ➜
7. Löscht den Rest eurer Fotos! ➜
8. Stellt mit euren fertigen Fotos einen Fotowürfel her.

**Achtung!**

**Ganzfigur** bedeutet:
Die ganze Person ist zu sehen!
**Kopfbild** bedeutet:
Der Kopf und der Hals sind zu sehen!

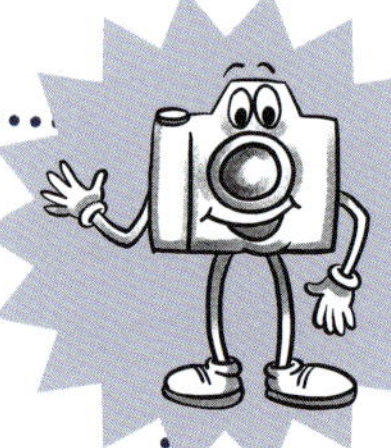




Illustrationen: Bettina Weyland | ISBN 978-3-8346-4431-2| www.verlagruhr.de

# Mein zweites Gesicht: *Rollage* (1/2)

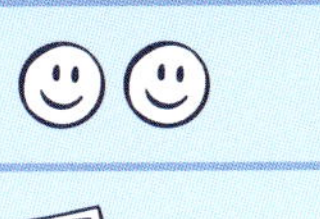

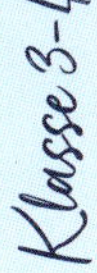


Kennt ihr das? In einer Sekunde habt ihr gute Laune und im nächsten Moment seid ihr so richtig wütend? Oder ihr seid traurig, trefft dann eure Freunde und Freundinnen und könnt schon wieder lachen? In euch sind viele Gefühle versteckt. Haltet 2 dieser Gefühle als Foto fest und stellt daraus eine Rollage her.

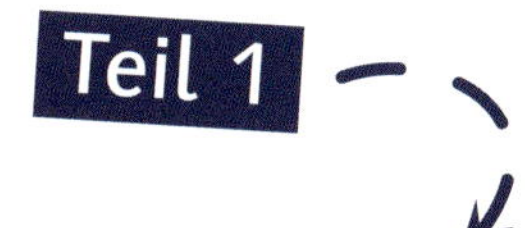


Den 1. Teil bearbeitet ihr zu zweit.

**Schon gewusst?**

Bei einer **Rollage** werden 2 Bilder in Streifen geschnitten. Dann werden die Streifen wieder abwechselnd neben-einandergeklebt.

**Ihr braucht:**

- ✔ einfarbigen Hintergrund
- ✔ Kamera
- ✔ *Foto-Check-Karte (S. 94)*

**So geht es:**

1. Sucht euch einen einfarbigen Hinter-grund.
2. Besprecht, wer von euch zuerst foto-grafiert und wer das Fotomodell ist.
3. Fotografiert euch gegenseitig. Macht 2 verschiedene Kopfbilder von euch. Entscheidet euch dabei entweder für das Hoch- oder Querformat und macht beide Fotos im gleichen Format.

   **2 Beispiele:**

   **Foto 1:** Ihr guckt ganz normal.
   **Foto 2:** Ihr macht eine lustige Grimasse.

   **Foto 1:** Ihr lacht, schaut fröhlich.
   **Foto 2:** Ihr schaut traurig oder wütend.

4. Kontrolliert eure Fotos mit der Foto-Check-Karte. Achtet darauf, ob man die verschiedenen Gefühle erkennen kann.
5. Wenn etwas nicht stimmt, macht neue Fotos.
6. Sichert 2 Fotos mit allen verschiedenen Gefühlen von euch! ➜
7. Löscht den Rest eurer Fotos! ➜

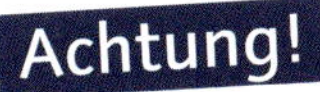


Kopfbild bedeutet: Der Kopf und der Hals sind zu sehen!

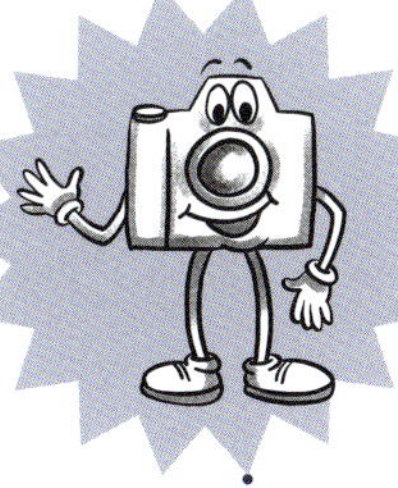


Illustrationen: Bettina Weyland | ISBN 978-3-8346-4431-2| www.verlagruhr.de

# Mein zweites Gesicht:
## *Rollage* (2/2)

Den 2. Teil bearbeitet ihr allein.

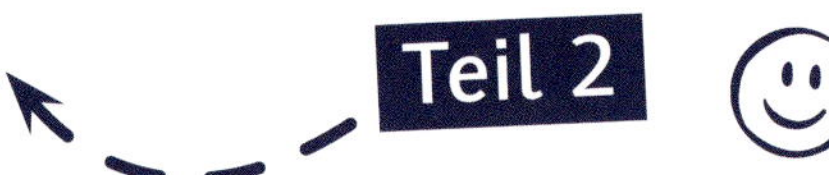


**Du brauchst:**

- ✔ 2 fertige Fotos vergrößert im DIN-A5-Format (21 cm x 15 cm) kopiert oder ausgedruckt
- ✔ Vorlage *Ausschneidebogen (S. 57)* (zweifach)
- ✔ 1 Bogen DIN-A3-Papier (festeres Papier)
- ✔ Kleber
- ✔ Schere

**Mein Tipp**

Du kannst natürlich auch 2 andere Fotomotive vermischen. Wie wäre es mit einer Rollage von dir und deiner besten Freundin oder deinem besten Freund?

**So geht es:**

1. Klebe die Fotos jeweils auf die <u>Rückseite</u> eines Ausschneidebogens. Achte darauf, dass bei beiden Gesichter unten und oben immer gleich auf die Vorlage geklebt werden.
2. Zerschneide dann die Fotos mithilfe der Linien in Streifen.
3. Puzzle die Streifen wieder zusammen, sodass 2 fertige Fotos vor dir liegen. Die Nummern auf der Rückseite helfen dir dabei. Dabei ist die Reihenfolge der Zahlen nun umgekehrt.
4. Nimm das DIN-A3-Papier.
5. Lege abwechselnd die Fotostreifen der <u>beiden Fotos</u> dicht nebeneinander darauf. Beginne unten rechts in der Ecke. Dabei soll die Fotoseite <u>sichtbar</u> sein. So vermischen sich deine 2 Gesichter.
6. Klebe deine Streifen dann so ganz dicht nebeneinander auf, sodass ein großes Foto entsteht.
7. Schneide das neue Foto aus.
8. Falte nun das Papier an den Streifen entlang zu einer Zickzack-Treppe.

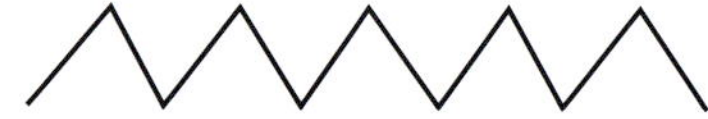

9. Deine Rollage ist fertig. Je nachdem, aus welcher Richtung du schaust, siehst du ein anderes Gesicht von dir.

**Ansicht von hinten**

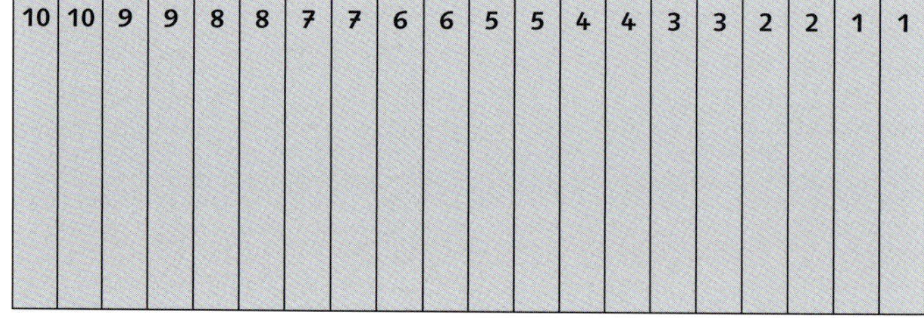





Illustrationen: Bettina Weyland | ISBN 978-3-8346-4431-2| www.verlagruhr.de

# Mein zweites Gesicht:
*Ausschneidebogen*

10

9

8

7

6

5

4

3

2

1


ISBN 978-3-8346-4431-2| www.verlagruhr.de

# Ich als Scherenschnitt (1/2)

Ein Scherenschnitt ist ein Kunstwerk.
Mit der Schere schneidet man, meist aus Papier, ein Bild, Muster oder ein Porträt.
Gute Scherenschnittkünstler und -künstlerinnen können schneiden, ohne vorzuzeichnen. Sie schneiden einfach darauflos.
Oft werden Kunstwerke aus schwarzem Papier geschnitten.
Mit einem passenden Foto könnt ihr ein wenig tricksen und von euch ein künstlerisches Scherenschnittporträt schneiden.

Das Mädchen rechts wurde im Profil, das heißt von der Seite, fotografiert.
Die rote Linie ist die Kontur, sie heißt Umrisslinie.

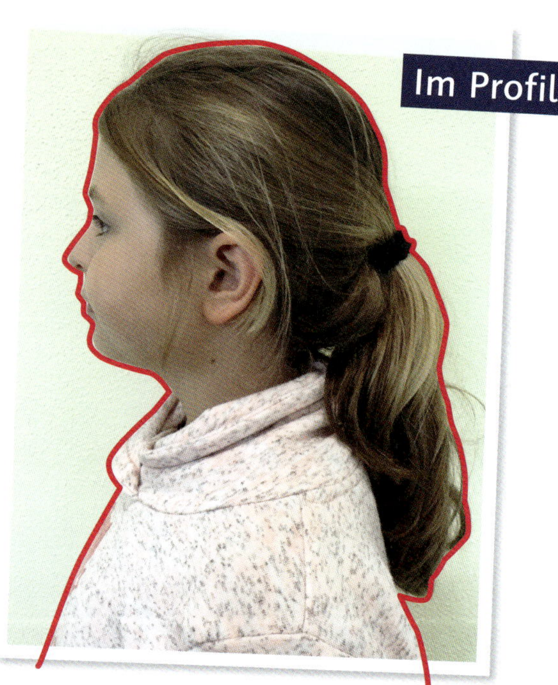


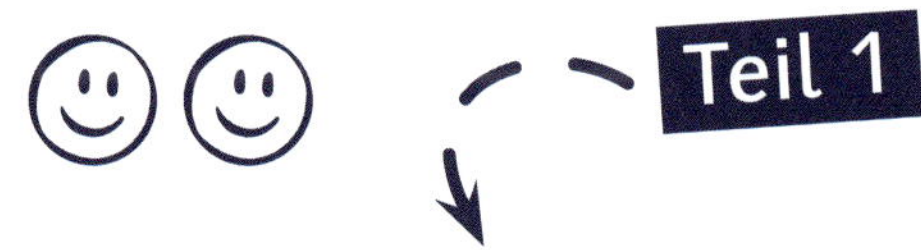


Den 1. Teil bearbeitet ihr zu zweit.

**Ihr braucht:**

- ✔ einfarbigen Hintergrund
- ✔ Kamera
- ✔ *Foto-Check-Karte (S. 94)*

**So geht es:**

1. Sucht euch einen einfarbigen Hintergrund.
2. Besprecht, wer von euch zuerst fotografiert und wer das Fotomodell ist.
3. Das Fotomodell stellt sich seitlich vor den einfarbigen Hintergrund. Der Fotograf oder die Fotografin macht 2 Profilbilder vom Modell.
4. Schaut euch die Fotos an. Kontrolliert mit der Foto-Check-Karte. Achtet besonders darauf, ob man die Umrisse (Konturen) des Kopfes, der Nase … gut erkennen kann.
5. Wenn etwas nicht stimmt, macht neue Fotos.
6. Wechselt dann eure Rollen.
7. Sichert das beste Profilfoto von euch! ➜
8. Löscht den Rest eurer Fotos! ➜

Illustrationen: Bettina Weyland | ISBN 978-3-8346-4431-2| www.verlagruhr.de

# Ich als Scherenschnitt (2/2)

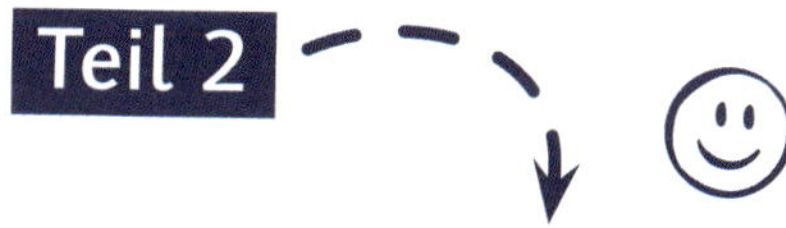


Den 2. Teil bearbeitet ihr allein.

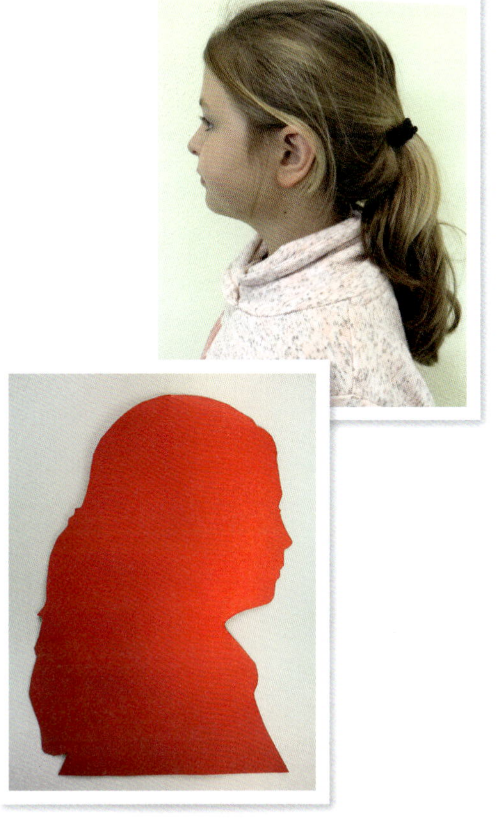

**Du brauchst:**

- ✔ fertiges Foto (Teil 1), auf DIN A5 oder DIN A4 vergrößert kopiert
- ✔ 2 Bogen Tonpapier (DIN A4) in 2 verschiedenen Lieblingsfarben
- ✔ Kleber
- ✔ Schere

**So geht es:**

1. Klebe die vergrößerte Fotokopie deines Fotos auf das Tonpapier.
2. Schneide nun deinen Kopf aus. Schneide an den Umrisslinien, also an den Konturen so genau wie möglich.
3. Drehe dein Foto um. Nun liegt ein perfekter Scherenschnitt vor dir, ohne dass jemand deinen Trick erkennen kann. Erkennst du dich wieder?
4. Klebe den Scherenschnitt auf den 2. Bogen Tonpapier.

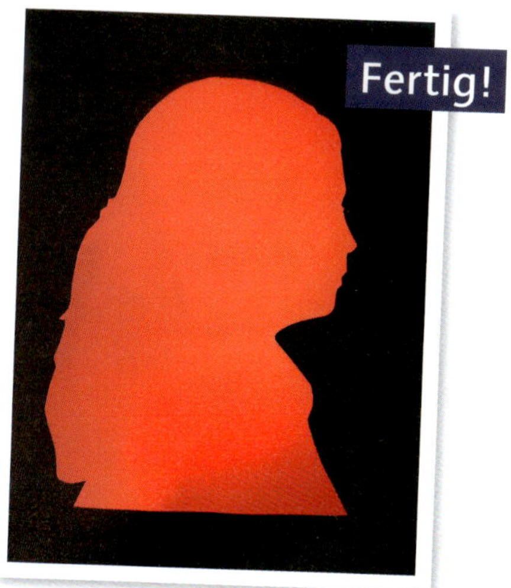


**Mein Tipp**

Präsentiert eure Köpfe mit der farbigen Seite an der Tafel oder an einer Ausstellungswand. Wenn ihr eure Köpfe ohne Namen ausstellt, dann könnt ihr ein Ratespiel machen. Wer erkennt die meisten Kinder aus der Klasse?

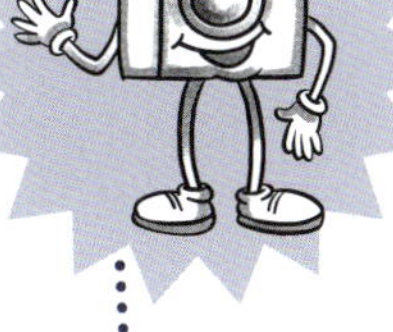


Illustrationen: Bettina Weyland | ISBN 978-3-8346-4431-2| www.verlagruhr.de

# Bewegung fotografieren (1/3)

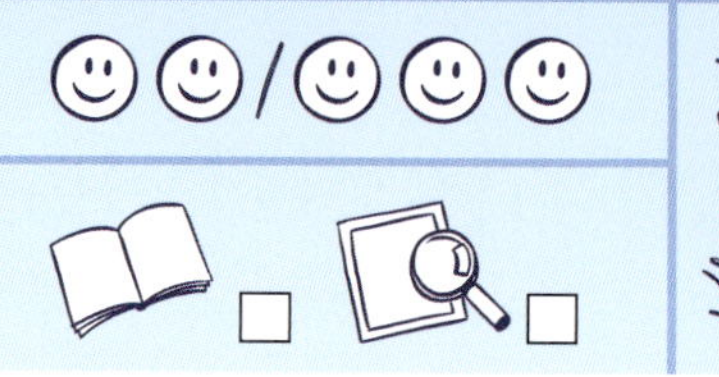

Klasse 3–4

Menschen, Tiere oder Fahrzeuge in Bewegung zu fotografieren, ist gar nicht so einfach.
Wenn man jemanden fotografieren will, der in die Luft springt, drückt man den Auslöser meist zu früh oder zu spät.
Viele Kameras haben deswegen eine besondere Funktion.
Sie wird „Serienaufnahme" genannt.
Normalerweise drückt ihr für ein Foto einmal kurz auf den Auslöser.
Wenn ihr den Auslöser aber länger gedrückt haltet, macht die Kamera ganz viele Fotos hintereinander.
Erst wenn ihr den Auslöser wieder loslasst, werden keine Fotos mehr gemacht. So habt ihr vom Sprung ganz viele Fotos und könnt anschließend das perfekte Foto auswählen.

Macht euch mit diesem tollen Trick vertraut, fotografiert bewegte Bilder und springt aus einer Schachtel.

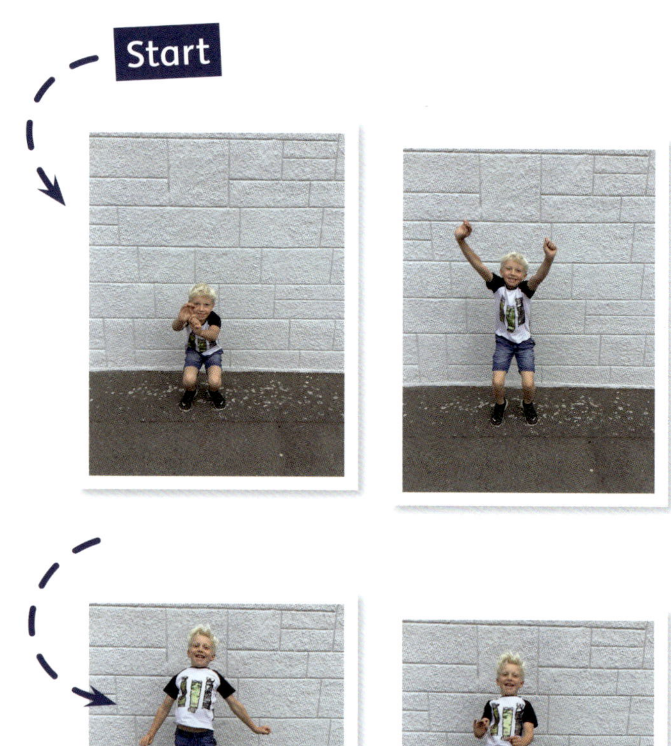


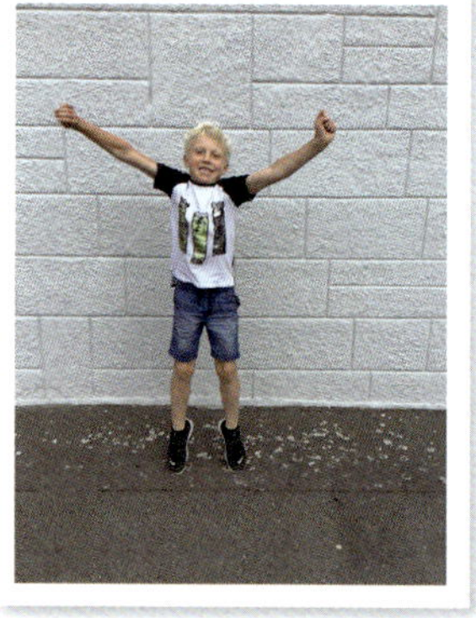

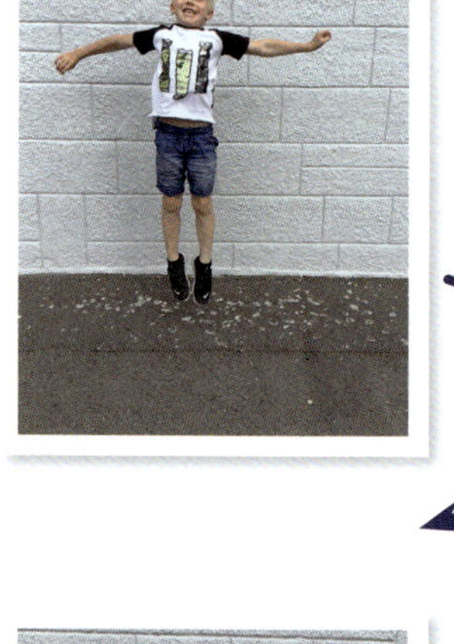

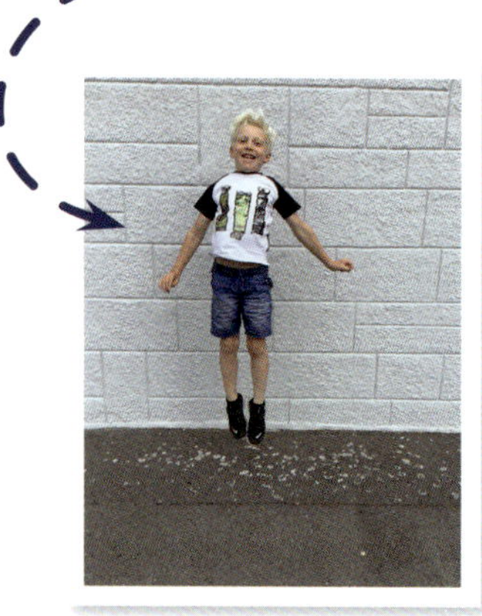

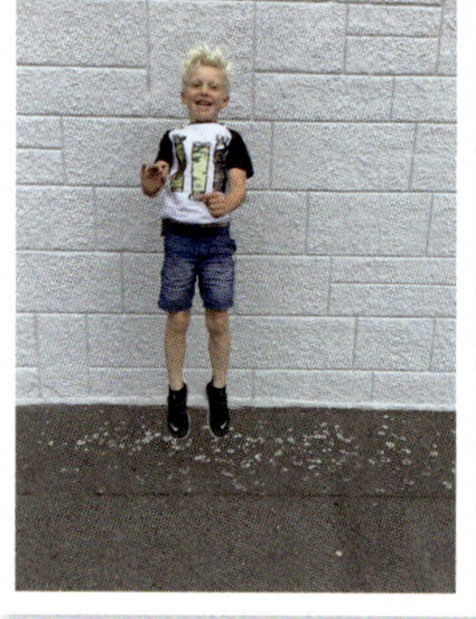

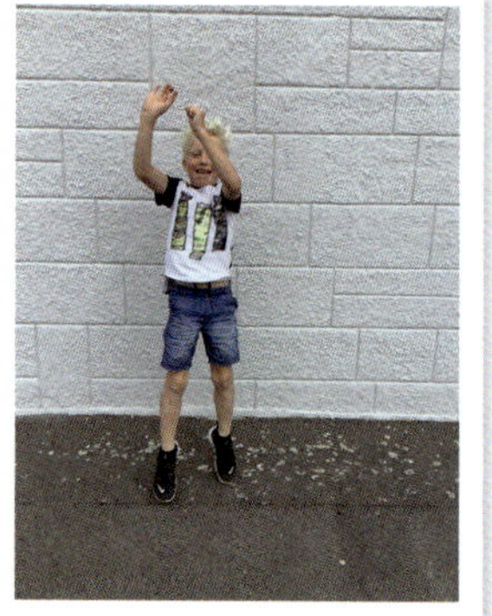

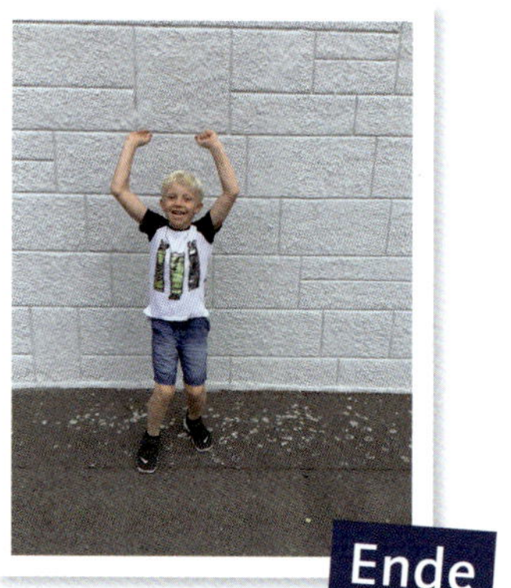





Illustrationen: Bettina Weyland | ISBN 978-3-8346-4431-2| www.verlagruhr.de

# Bewegung fotografieren (2/3)

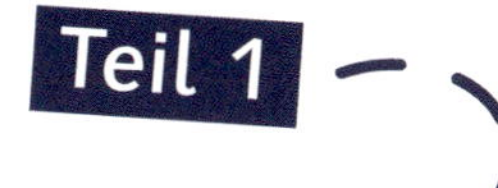


Den 1. Teil bearbeitet ihr zu zweit.

**Ihr braucht:**

- ✔ einfarbigen Hintergrund
- ✔ Kamera, die eine Serienaufnahme machen kann
- ✔ *Foto-Check-Karte (S. 94)*

**Mein Tipp**

Probiert weitere Ideen für Serienfotos aus:
- ✔ Schaukeln
- ✔ Rolle vorwärts oder rückwärts im Sportunterricht
- ✔ Fußball schießen
- ✔ Ball werfen
- ✔ Seilchen springen ...

**So geht es:**

1. Sucht euch einen einfarbigen Hintergrund.
2. Macht euch mit der Serienaufnahme eurer Kamera vertraut.
3. Fotografiert euch dafür gegenseitig, wie ihr zum Beispiel einen Arm hebt, mit dem Kopf wackelt oder den Mund öffnet. Übt, auch nur das beste Foto von jeder Serienaufnahme zu speichern und die restlichen Fotos zu löschen.
4. Wenn ihr die Funktion gut beherrscht, löscht alle Übungsfotos und geht auf den Schulhof.
5. Sucht euch einen möglichst einfarbigen Hintergrund.
6. Besprecht, wer von euch zuerst fotografiert und wer das Fotomodell ist.
7. Das Fotomodell springt in die Luft und die Fotografin oder der Fotograf macht eine Serienaufnahme davon.
8. Schaut euch die Fotos an. Ist das perfekte Foto dabei? Ist das Fotomodell ganz zu sehen und fliegt hoch in der Luft? Kontrolliert auch mit der Foto-Check-Karte.
9. Stimmt etwas nicht, macht neue Fotos.
10. Wechselt dann eure Rollen.
11. Am Ende sichert jede oder jeder von euch das beste Sprung-Foto! ➜ 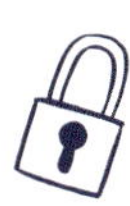
12. Löscht den Rest eurer Fotos! ➜


Illustrationen: Bettina Weyland | ISBN 978-3-8346-4431-2| www.verlagruhr.de

# Bewegung fotografieren (3/3)

Den 2. Teil bearbeitet ihr allein.

**Du brauchst:**

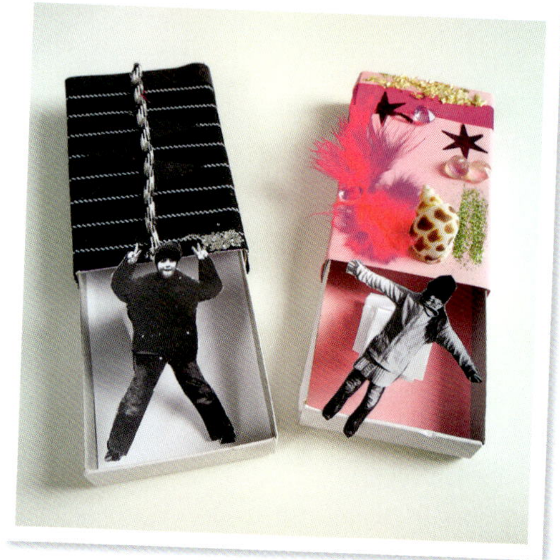

- ✔ fertiges Foto von Teil 1
- ✔ weißen DIN-A4-Karton (160 g)
- ✔ eventuell Filzstifte
- ✔ große Streichholzschachtel (6,5 cm x 11 cm x 2 cm)
- ✔ Schere
- ✔ Kleber
- ✔ 2 Papierstreifen (2 cm x 40 cm)
- ✔ Dekorationsmaterial (farbiges Papier, Stoffreste, Perlen, Wolle …)

**So geht es:**

1. Kopiere dein Foto auf den weißen Karton. Achte darauf, dass du selbst nicht größer als die Streichholzschachtel bist. Wenn du zu groß bist, musst du dein Foto verkleinern. Bist du zu klein, kannst du dich auch größer kopieren.
2. Schneide dich so genau wie möglich aus der Kopie aus. Wenn du möchtest, kannst du dich auch noch mit Filzstiften anmalen.
3. Schiebe die Streichholzschachtel auseinander. Du hast einen Deckel und eine Kiste.
4. Beklebe nun den Deckel von allen Seiten, so wie er dir gut gefällt.
5. Bastele dann aus den 2 Papierstreifen eine Hexentreppe (siehe rechts).
6. Klebe die Hexentreppe mit dem einen Ende in die Kiste. An das andere Ende klebst du dich selbst. Drücke dich mit der Hexentreppe gut zusammen. Schiebe den Deckel auf die Kiste. Wenn du jetzt die Schachtel öffnest, springst du selbst heraus!

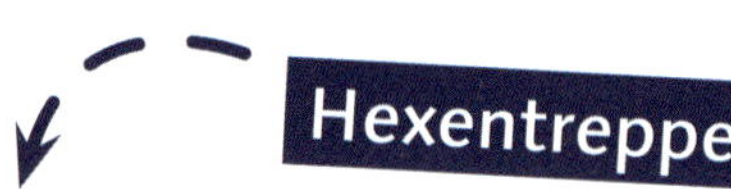


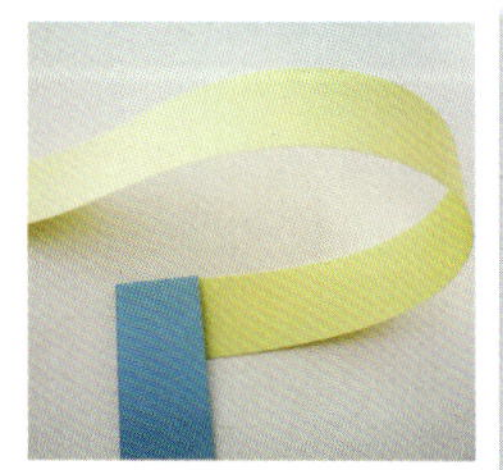

❶ Streifen an den Enden zusammenkleben.

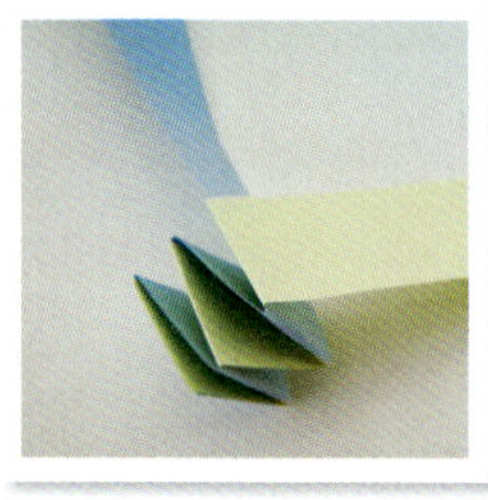

❷ Streifen abwechselnd übereinanderklappen und feststreichen.

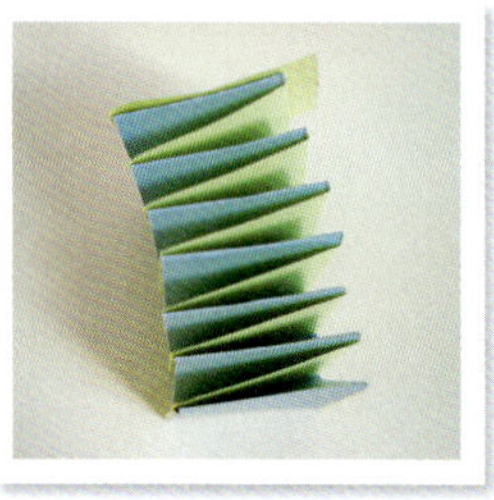

❸ Hexentreppe am anderen Ende zusammenkleben. Überstehende Papierstücke abschneiden!

# 4. Trickfotografie

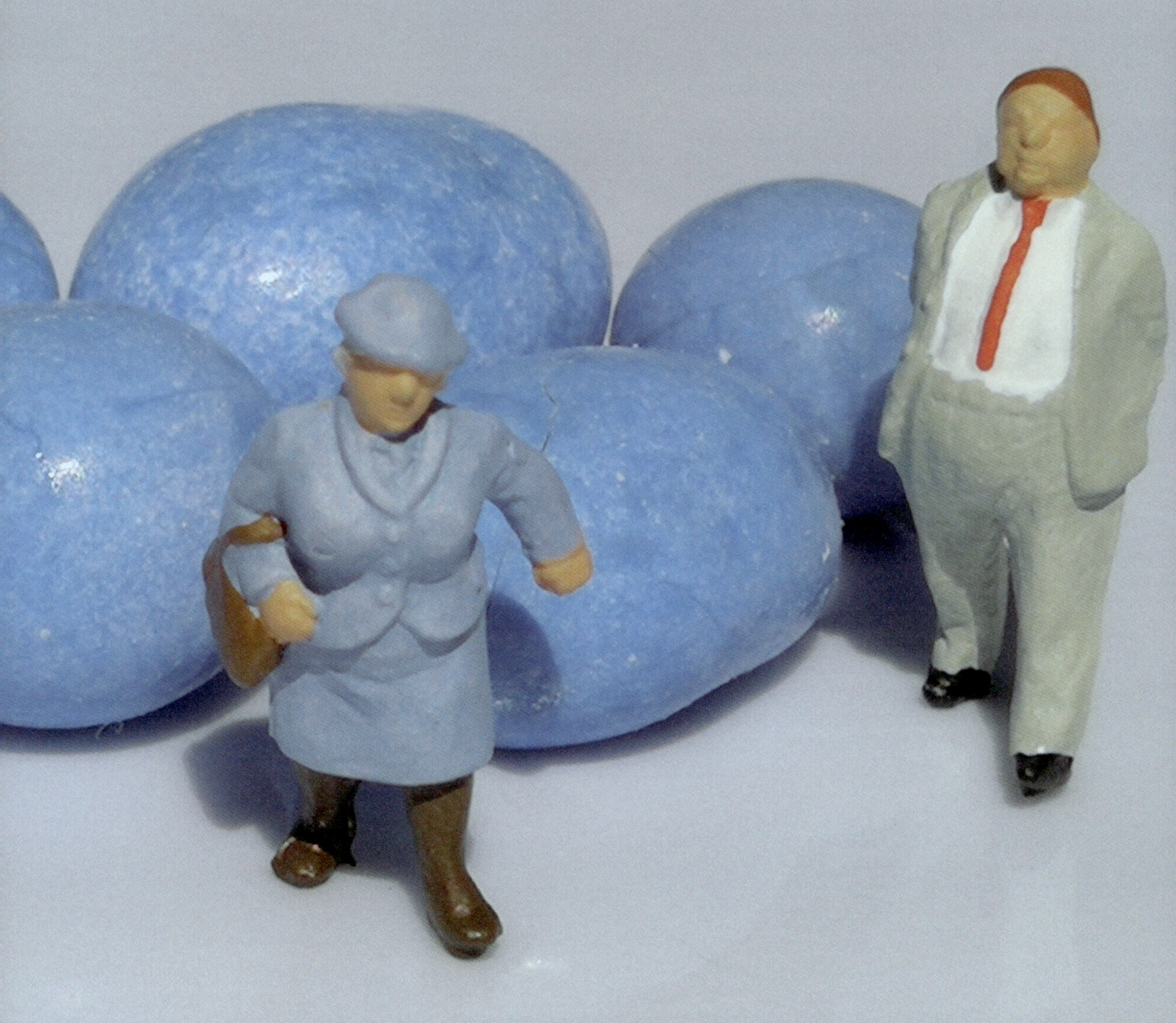

Abb. Figuren mit freundlicher Genehmigung der Firma Faller

# Ab in die Tasse! (1/2)

Klasse 3-4

Nein, ihr träumt nicht!
Bei diesem Trickfoto kommt nicht der Kakao in die Tasse, sondern die Kinder aus eurer Klasse.
Lasst sie doch durch einen einfachen Trick schrumpfen und steckt sie in die Tasse!

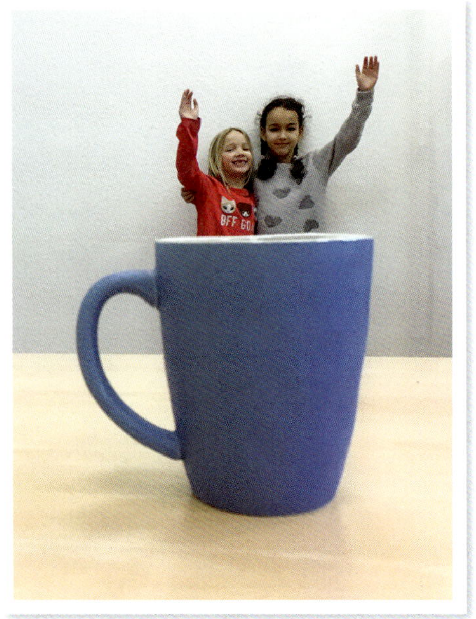

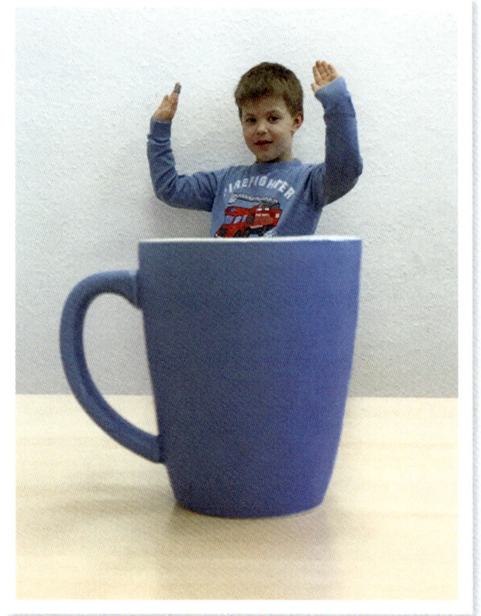

Tassen-Trick

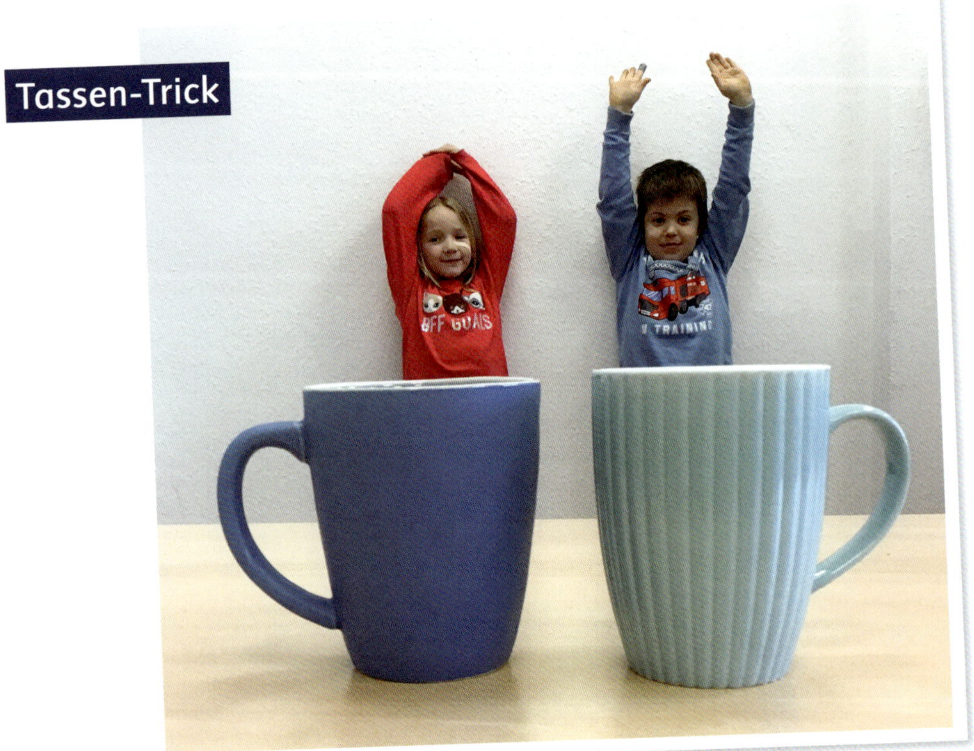




Illustrationen: Bettina Weyland | ISBN 978-3-8346-4431-2| www.verlagruhr.de

# Ab in die Tasse! (2/2)

**Ihr braucht:**

- ✔ Tisch
- ✔ (schöne) Tasse
- ✔ ausreichend Platz
- ✔ Kamera
- ✔ *Foto-Check-Karte (S. 94)*

**Mein Tipp**

Wenn der Trick noch nicht klappt, seid ihr vielleicht noch viel zu nah zusammen!

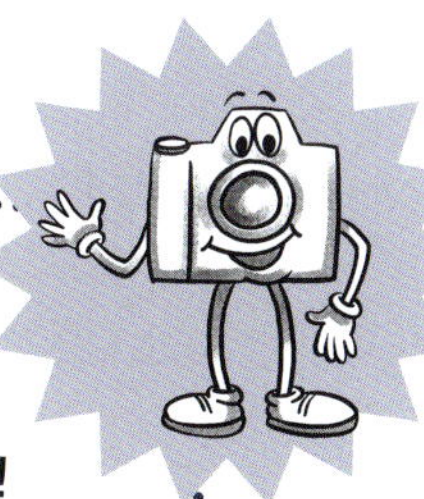

**So geht es:**

1. Besprecht, wer von euch zuerst fotografiert und wer das Fotomodell, also das „Tassenkind" ist. Wenn ihr in der Kleingruppe arbeitet, sind die anderen Assistentenkinder. Sie stehen der Fotografin oder dem Fotografen beratend zur Seite.
2. Stellt die Tasse auf den Tisch. Der Henkel oder Griff sollte seitlich sichtbar sein.
3. Stellt euch in einer Linie mit Abstand zueinander auf.

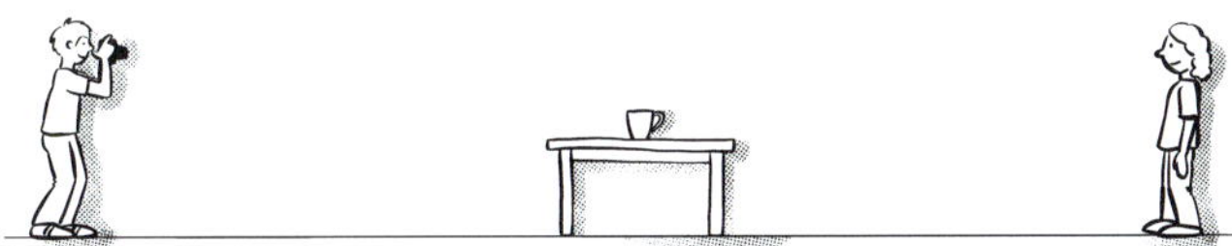

4. Das Fotomodell oder Tassenkind schaut zur Kamera.
5. Die Fotografin oder der Fotograf schaut durch die Kamera. Sie oder er bewegt sich und die Kamera hin und her, bis er oder sie das perfekte Bild hat: Das Fotomodell steckt als Winzling in der Tasse. Nur der Kopf und ein Teil des Oberkörpers gucken heraus. Der Rest des Tassenkindes ist nicht zu sehen. Die perfekte Trickfotografie! Dabei kann die Fotografin oder der Fotograf Anweisungen geben: „Geh noch näher!", „Weiter weg!", „Etwas runter!", „Etwas höher!", „Bitte lächeln!", „Hebe die Arme!" …
6. Macht bis zu 10 Fotos.
7. Anschließend kontrolliert ihr die Fotos mit der Foto-Check-Karte. Achtet auch darauf, dass der Trick perfekt umgesetzt ist.
8. Wenn etwas nicht stimmt, macht neue Fotos.
9. Wechselt dann die Rollen.
10. Sichert eure 3 besten Fotos! ➜ 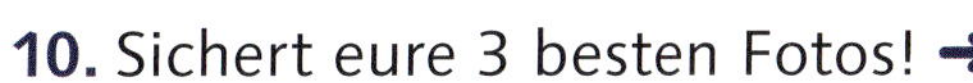 
11. Löscht den Rest eurer Fotos! ➜ 

Illustrationen: Bettina Weyland | ISBN 978-3-8346-4431-2| www.verlagruhr.de

# Ab in die Tüte!

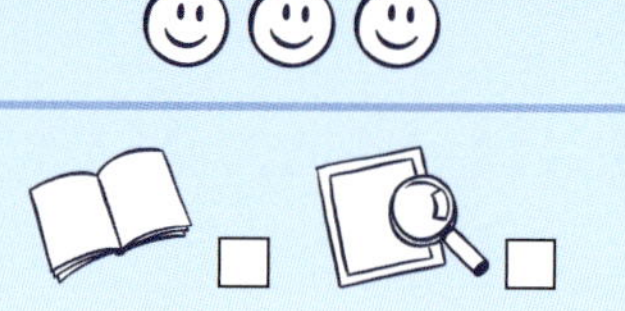

Macht ein Foto, als ob ihr ein geschrumpftes Kind eingekauft habt. Mit etwas Geduld wird das ein genialer Fototrick!

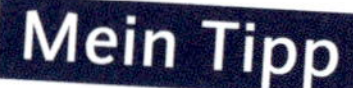


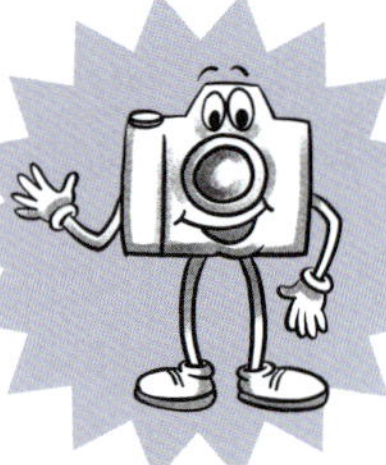

Wenn der Trick noch nicht klappt, seid ihr vielleicht noch viel zu nah zusammen!

**Ihr braucht:**

- ✔ 1 größere Tüte (Stoffbeutel, Reisetasche)
- ✔ 2 bis 4 Bücher als Gewicht
- ✔ ausreichend Platz (langer Flur, Schulhof)
- ✔ Kamera
- ✔ *Foto-Check-Karte (S. 94)*

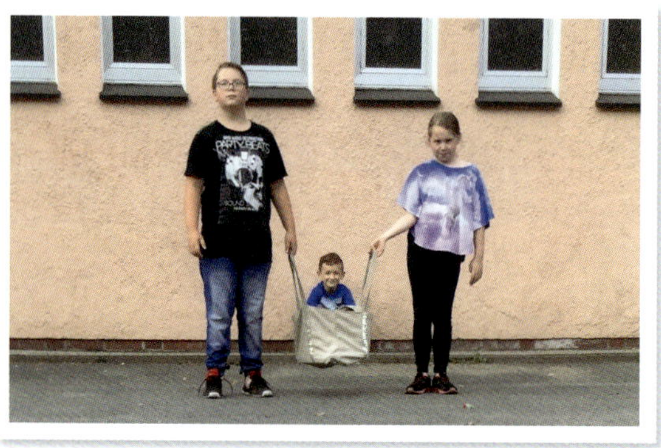

**So geht es:**

1. Arbeitet zu viert. Verteilt diese Rollen:
   ❶ Fotograf/Fotografin,
   ❷ Fotomodell = Tütenkind,
   ❸ + ❹ Fotomodelle = Taschenträgerkind
2. Packt die Bücher in die Tüte, damit sie auf dem Foto schwer und voll erscheint.
3. Sucht euch einen Ort, an dem ihr viel Platz habt.
4. Stellt euch in einer Linie mit Abstand zueinander auf.

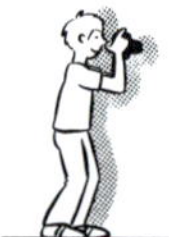
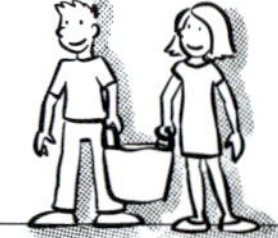
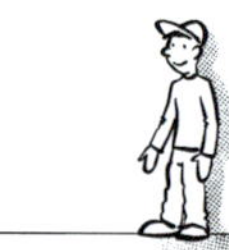

5. Die Taschenträger halten die Tüte auf, schauen in die Kamera oder blicken in die leere Tüte. Das Tütenkind schaut auch zur Kamera.
6. Die Fotografin oder der Fotograf schaut durch die Kamera und bewegt sich und die Kamera hin und her, bis sie oder er das perfekte Bild hat: Das Tütenkind steckt als Winzling bis zum Bauch in der Tüte. Die Tüte wird von den Taschenträgerkindern mit dem Tütenkind getragen. Die Füße des Tütenkindes sind nicht zu sehen. Die perfekte Trickfotografie! Dabei kann das fotografierende Kind Anweisungen geben: „Haltet die Tüte höher!", „Geht noch näher ran!", „Weiter weg!", „Bitte lächeln!" …
7. Macht bis zu 10 Fotos.
8. Kontrolliert die Fotos mit der Foto-Check-Karte. Achtet darauf, ob der Trick perfekt gelungen ist.
9. Wenn etwas nicht stimmt, macht neue Fotos.
10. Wechselt dann die Rollen.
11. Sichert von allen ein Foto als Winzling in der Tüte! ➜
12. Löscht den Rest eurer Fotos! ➜ 

Illustrationen: Bettina Weyland | ISBN 978-3-8346-4431-2| www.verlagruhr.de

# Kleine Figuren ganz groß (1/2)

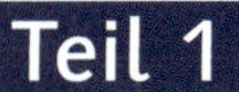


**Du brauchst:** ✔ Stift

**So geht es:**

Schaue dir die 3 Fotos genau an. Entdecke ihre Geheimnisse und beantworte die Fragen.

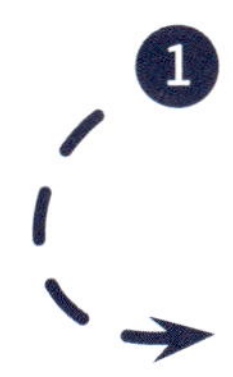


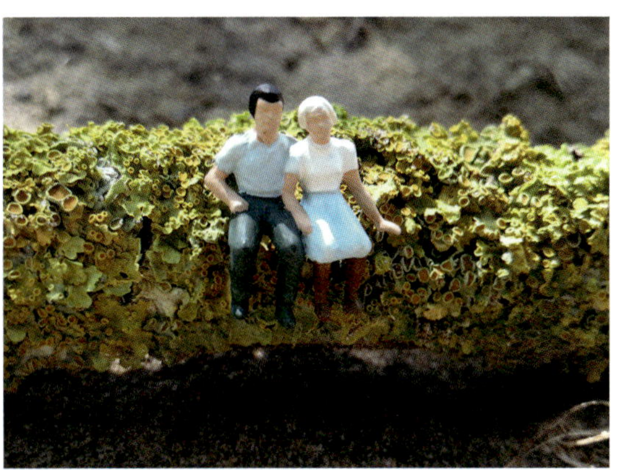

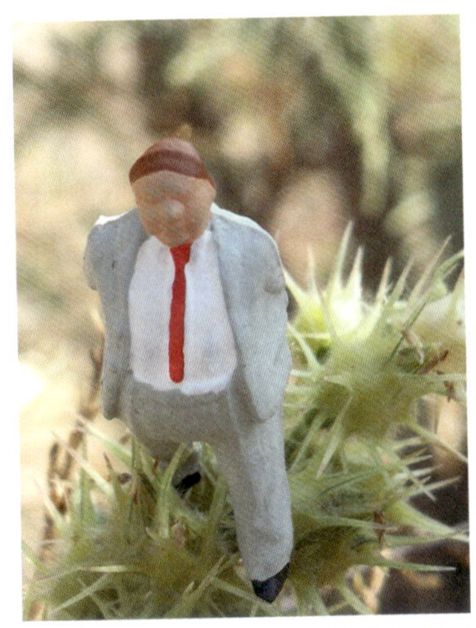

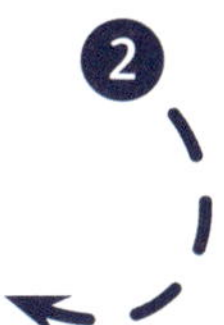


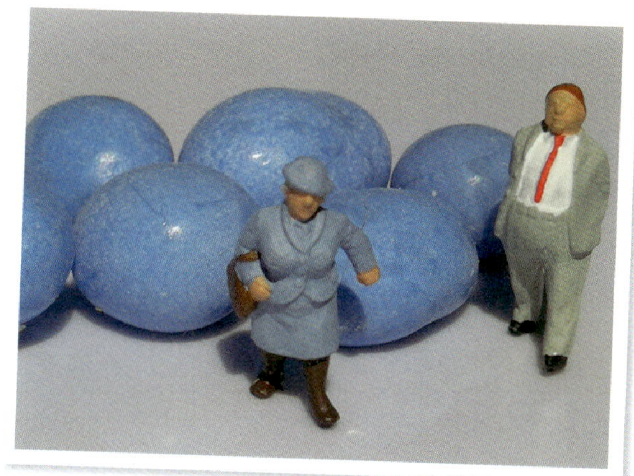

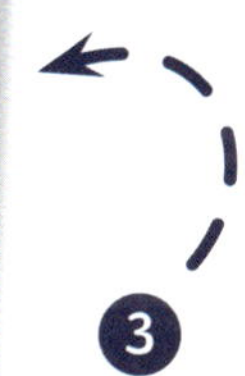




1. **Welche Tricks hat die Fotografin genutzt, um kleine Figuren ganz groß erscheinen zu lassen?**

   ..............................................................................................

   ..............................................................................................

2. **Wähle 2 Fotos aus! Nr.** .................. **Nr.** ..................
   **Welche Titel würdest du ihnen geben?**

   Foto Nr. ..................: ..............................................................

   Foto Nr. ..................: ..............................................................

3. **Welches ist dein Lieblingsfoto? Begründe. Schreibe auf die Rückseite.**




Illustrationen: Bettina Weyland | ISBN 978-3-8346-4431-2| www.verlagruhr.de

# Kleine Figuren ganz groß (2/2)

## Teil 2

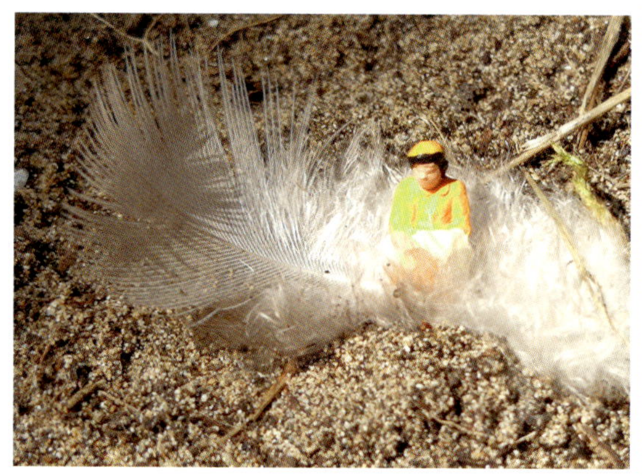

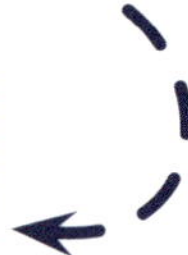

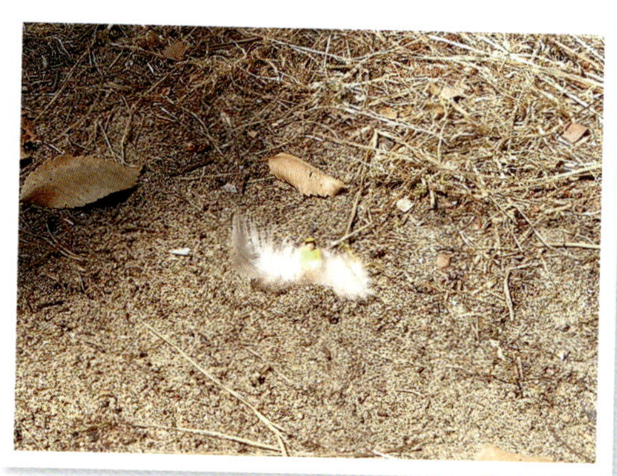

Stelle eine kleine Figur in deine Welt. Fotografiere sie so, dass sie auf dem Foto richtig groß aussieht.

**Du brauchst:**

- ✔ eine oder mehrere Mini-Figuren (Modelleisenbahn-Figuren, Puppenhaus-Figuren, Gummitiere ...)
- ✔ Requisiten (Gegenstände)
- ✔ Knete
- ✔ Kamera
- ✔ *Foto-Check-Karte (S. 94)*

**So geht es:**

1. Wähle eine Mini-Figur aus.
2. Überlege, wo die Figur in deiner Welt stehen/sitzen/sein kann: zum Beispiel in der Klasse, im Schulranzen, in der Brotdose, im Schulgebäude, auf dem Schulhof ...
3. Besorge dir alle Requisiten (Gegenstände), die du für dein Foto brauchst.
4. Stelle die Figur mit den Gegenständen in deine Welt. Klebe sie zum Beispiel mit einem kleinen Stück Knete fest, sodass sie nicht umfällt. Achte darauf, dass man die Knete nicht sieht.
5. Fotografiere deine Figur 5- bis 8-mal aus verschiedenen Richtungen. Du kannst dich auch hinlegen, hinknien ... oder von weiter weg, von ganz nah, mit/ohne Blitz ... fotografieren.
6. Kontrolliere deine Fotos mit der Foto-Check-Karte. Kontrolliere, ob deine Figur auf dem Foto ganz groß aussieht!
7. Wenn etwas nicht stimmt, mache neue Fotos.
8. Wähle die 2 besten Fotos aus und sichere sie! ➜
9. Lösche den Rest deiner Fotos! ➜

Abb. Figuren mit freundlicher Genehmigung der Gebr. Faller GmbH




Illustrationen: Bettina Weyland | ISBN 978-3-8346-4431-2| www.verlagruhr.de

# Mini-Welten (1/2)

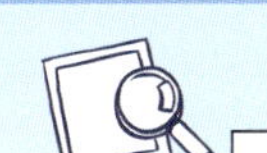



Schaue dir die Fotobeispiele unten an.
Sie gehören auch zum Bereich der Trickfotografie.
Erstelle selbst eine künstliche Welt – eine Mini-Bühne.
Stelle eine kleine Figur hinein und fotografiere sie geschickt.
Der Betrachter oder die Betrachterin des Fotos soll denken,
dass deine Figur wirklich an dem Ort ist und nicht auf der Bühne!

Mini-Bühne

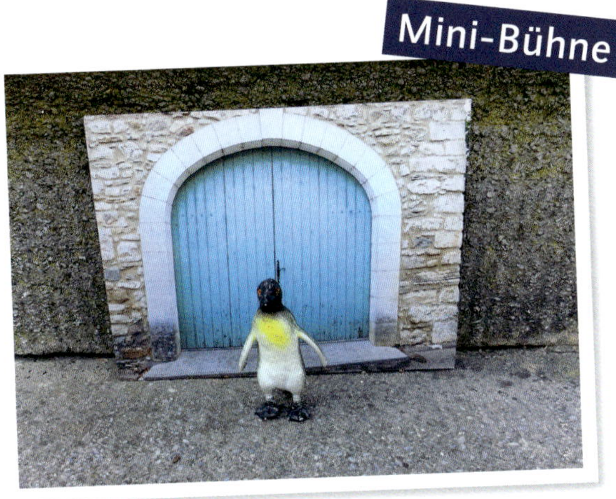

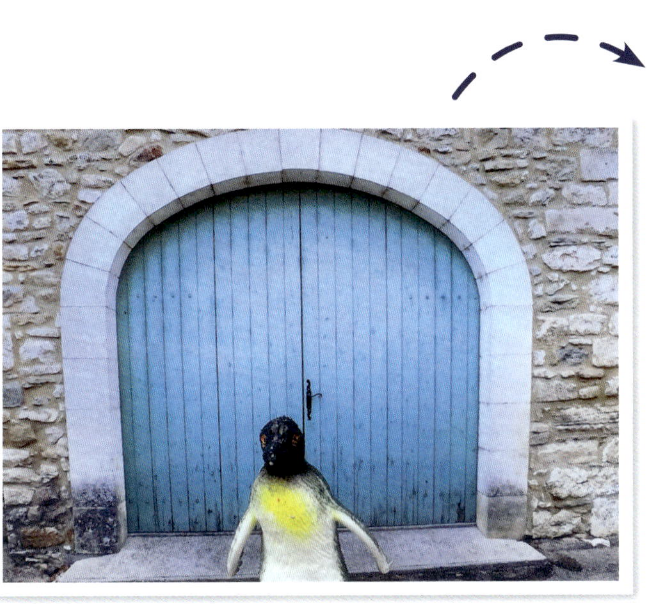

Mini-Elefant

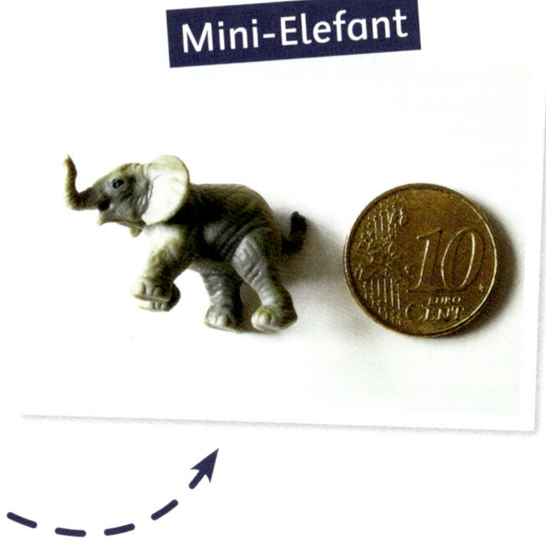

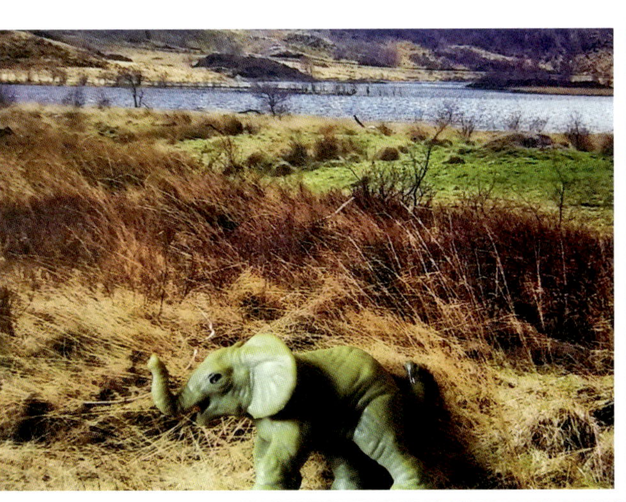

10 Cent-Euromünze (Wertseite) © Künstler: Luc Luycx, Belgien. Quelle: BBK




Illustrationen: Bettina Weyland | ISBN 978-3-8346-4431-2| www.verlagruhr.de

# Mini-Welten (2/2)

**Du brauchst:**

- ✔ stabilen, größeren Schuhkarton ohne Deckel
- ✔ Schere
- ✔ Klebe
- ✔ Mini-Figur (Modelleisenbahn-Figuren, Gummitiere ...)
- ✔ Landschaftsfotos, Postkarten mit Landschaftsmotiven, Fotos von Wohnräumen aus Zeitschriften, Fotos aus Reiseprospekten (alles mindestens in Postkartengröße)
- ✔ Malstifte/Wasserfarben/Ölkreiden
- ✔ Materialien siehe „Mein Tipp“
- ✔ etwas Knete
- ✔ Kamera
- ✔ *Foto-Check-Karte (s. 94)*

**Mein Tipp**

Verschiedene, zur Landschaft passende Materialien, wie Gras, Steine, Sand, Moos, Blätter, Hölzer, Folie ..., machen dein Foto besonders lebendig.

**So geht es:**

1. Wähle eine Mini-Figur, die du in eine neue Welt reisen lässt.
2. Wähle eine Landschaft oder ein Bild als Hintergrund aus.
3. Schneide vom Schuhkarton eine lange und 2 kurze Seitenwände ab.
4. Stelle den Schuhkarton dann auf die letzte Seitenwand. Vor dir steht eine Bühne mit Boden und Rückwand.
5. Klebe das Bild an die Rückwand. Dabei soll das Bild unten die Kante berühren.
6. Gestalte den Boden und die Rückwand deiner Bühne mit passenden Materialien und Farben. Man soll möglichst nicht erkennen, wo das Bild aufhört und der Karton anfängt.
7. Wenn deine Mini-Welt fertig ist, stelle deine Figur dazu. Sie soll vor dem Bild und in deinem gestalteten Vordergrund stehen. Falls deine Figur umfällt, klebe sie mit etwas Knete fest.
8. Fotografiere dann deine Figur. Es soll so aussehen, als ob die Figur wirklich am Meer, in der Stadt, in einem Zimmer ... ist. Mache 5 Fotos.
9. Kontrolliere deine Fotos mit der Foto-Check-Karte. Achte darauf, dass man nur die Mini-Welt sieht und der Trick gelungen ist. Wenn etwas nicht stimmt, mache neue Fotos.

10 Sichere die 2 besten Fotos! ➜ 

11. Lösche den Rest deiner Fotos! ➜




Illustrationen: Bettina Weyland | ISBN 978-3-8346-4431-2| www.verlagruhr.de

# 5.

# Fotobearbeitung

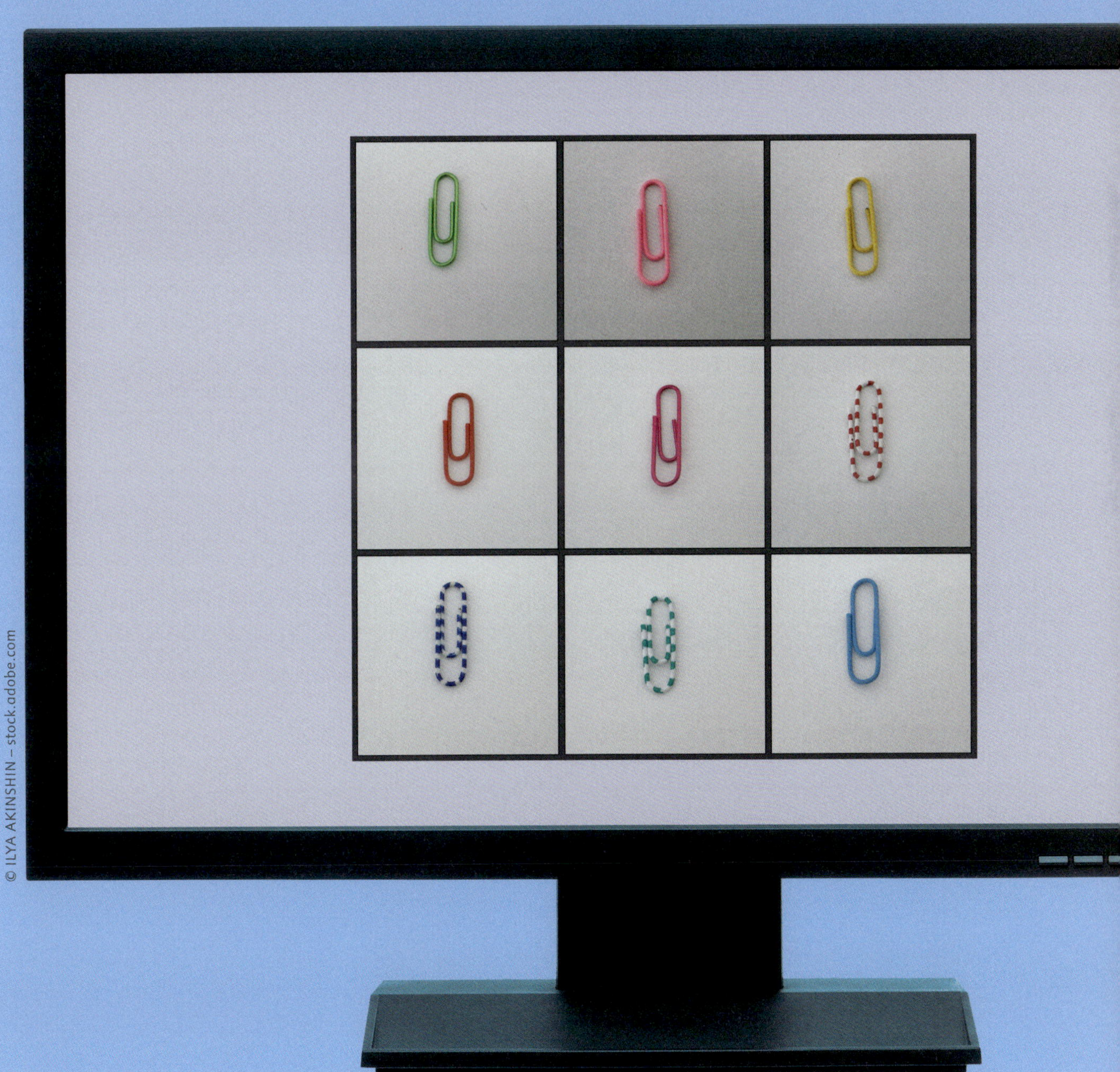

# Schnelle Fotobearbeitung

Klasse 1-4

In der Regel kannst du Fotos schon verändern, also bearbeiten, wenn du sie im ganz normalen Fotoalbum des Tablets oder Handys anklickst. Damit du weißt, wie genau das geht, kannst du hier dein eigenes Merkblatt für deine Kamera erstellen.

**Du brauchst:**

- ✔ Kamera
- ✔ Stift

**So geht es:**

1. Tippe zuerst auf das Symbol für das Fotoalbum.
2. Tippe auf das Foto, das du bearbeiten willst.
3. Am Rand des Fotos erscheinen nun verschiedene Symbole, mit denen du das Foto verändern, also bearbeiten kannst. Probiere jetzt die Möglichkeiten einmal aus.
4. Fülle die Tabelle aus, indem du immer das passende Symbol dazumalst.

| Fotobearbeitung | Symbol |
|---|---|
| So drehe ich mein Foto: | |
| So spiegele ich mein Foto: | |
| So schneide ich mein Foto zu und verändere den Ausschnitt meines Fotos: | |
| So verändere ich die Farbe meines Fotos: | |
| So kann ich etwas auf mein Foto malen oder schreiben: | |
| So kann ich einen Sticker auf mein Foto setzen: | |
| So kann ich meine Bildbearbeitung löschen oder speichern: | |




Illustrationen: Bettina Weyland | ISBN 978-3-8346-4431-2| www.verlagruhr.de

# Fotobearbeitung mit der App „Color Effects" (1/2)

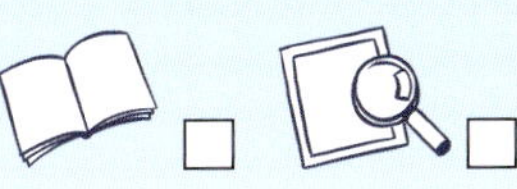
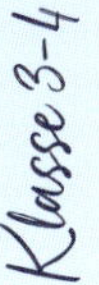


Macht ein tolles Schwarz-Weiß-Foto von euch und gebt einem Teil des Fotos Farbe zurück!

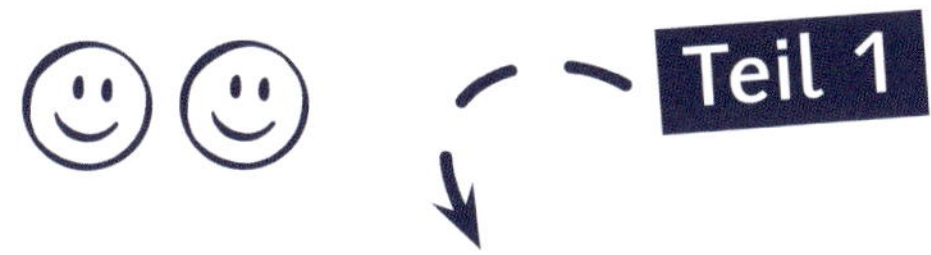


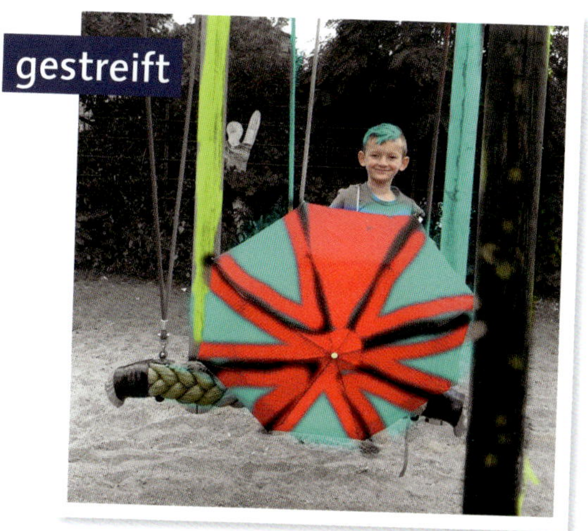


Den 1. Teil bearbeitet ihr zu zweit.

**Ihr braucht:**

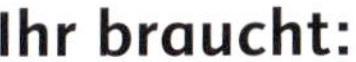

- ✔ buntes Accessoire (Hut, Blume, Schal, Luftballon, Stofftier, Schirm, Handschuhe …)
- ✔ Kamera
- ✔ *Foto-Check-Karte (S. 94)*

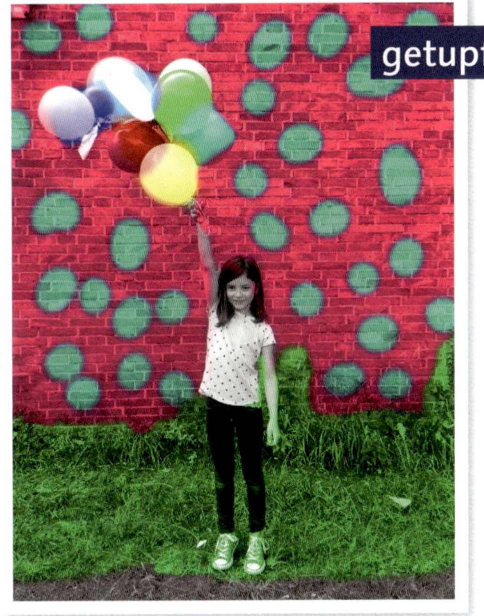


**So geht es:**

1. Wählt beide ein buntes Accessoire aus.
2. Besprecht, wer von euch zuerst das Fotomodell und wer der Fotograf oder die Fotografin ist.
3. Sucht euch einen passenden Hintergrund, der das Fotomodell gut wirken lässt.
4. Das Fotomodell stellt sich für das Foto auf. Dabei soll das Accessoire gut zu sehen sein. Probiert verschiedene Posen (Körperhaltungen) aus.
5. Der Fotograf oder die Fotografin macht etwa 10 verschiedene Fotos.
6. Schaut euch die Fotos an. Kontrolliert mit der Foto-Check-Karte. Achtet auch darauf, ob euer Accessoire gut zu sehen ist.
7. Wenn etwas nicht stimmt, macht neue Fotos.
8. Wechselt dann eure Rollen.
9. Am Ende wählen alle 2 Lieblingsfotos von sich aus und sichern sie! ➜
10. Löscht den Rest eurer Fotos! ➜


Illustrationen: Bettina Weyland | ISBN 978-3-8346-4431-2| www.verlagruhr.de

# Fotobearbeitung mit der App *„Color Effects"* (2/2)

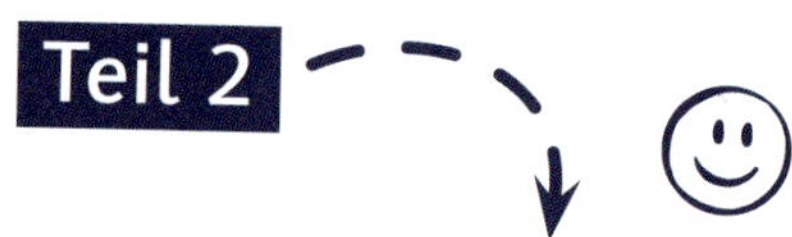


Den 2. Teil bearbeitet ihr allein.

**Du brauchst:**

- ✔ Gerät mit den eigenen Fotos von Teil 1
- ✔ Gerät mit der App „Color Effects"

**So geht es:**

1. Öffne die App „Color Effects".
2. Lade ein Foto von dir hoch.
   ➜ Tippe dazu auf: **Library**

   Deine Fotos erscheinen. Tippe auf das Foto, das du bearbeiten möchtest.
   ➜ Tippe dann auf: **Crop Image**
3. Mit 2 Fingern kannst du die Größe deines Fotos ändern.
   Mit einem Finger kannst du das Foto verschieben. Bist du zufrieden?
   ➜ Tippe auf: **Done** *(oben rechts)*
4. Nun erscheint dein Foto als schwarz-weißes Bild.
   Färbe dann dein Accessoire wieder bunt. So sticht es als etwas Besonderes aus dem Bild hervor.
   ➜ Tippe dazu auf: **Symbol Pinsel** *(unten links)*

   Mit **Brush Size** kannst du die Dicke des Pinsels verstellen!
   Mit **Opacity/Transparency** kannst du die Farbstärke verändern.
   ➜ Tippe dann auf: **Back**

   Nun kannst du dein Accessoire mit dem Finger ummalen und ausmalen.
   Wenn du auf diesen Pfeil ↺ tippst, löschst du deine Striche wieder.
5. Wenn du auf **Recolor** tippst, kannst du dein Foto noch mit Farben gestalten.
6. Speichere dein Foto!
   ➜ Tippe dafür auf: ⍐ *(oben links)*

   Dann auf: **Save to Photo Library**.
7. Tippe dann auf das Foto.
   Oben links erscheint ein Pfeil.
   ➜ Tippe auf den Pfeil.

   Nun wird dein Foto im Fotoalbum der App gespeichert und du kannst eine neue Bearbeitung starten.
8. Bist du mit deinen Fotos zufrieden, behalte die 2 besten!
9. Lösche den Rest deiner Fotos! 
   ➜ Tippe dazu auf **Delete**.




Illustrationen: Bettina Weyland | ISBN 978-3-8346-4431-2| www.verlagruhr.de

# Fotocollagen mit der App *„FotoRus"* (1/2)

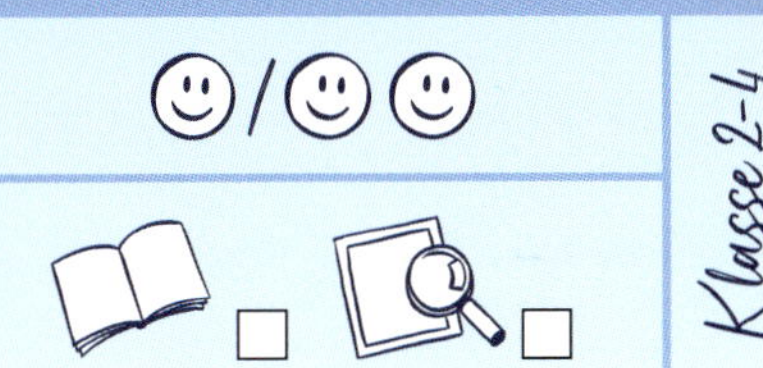


Stelle bis zu 10 deiner Lieblingsfotos oder Fotos zu einem bestimmten Thema zusammen und gestalte daraus mit einem einfachen Fotoprogramm ganz schnell eine Collage.

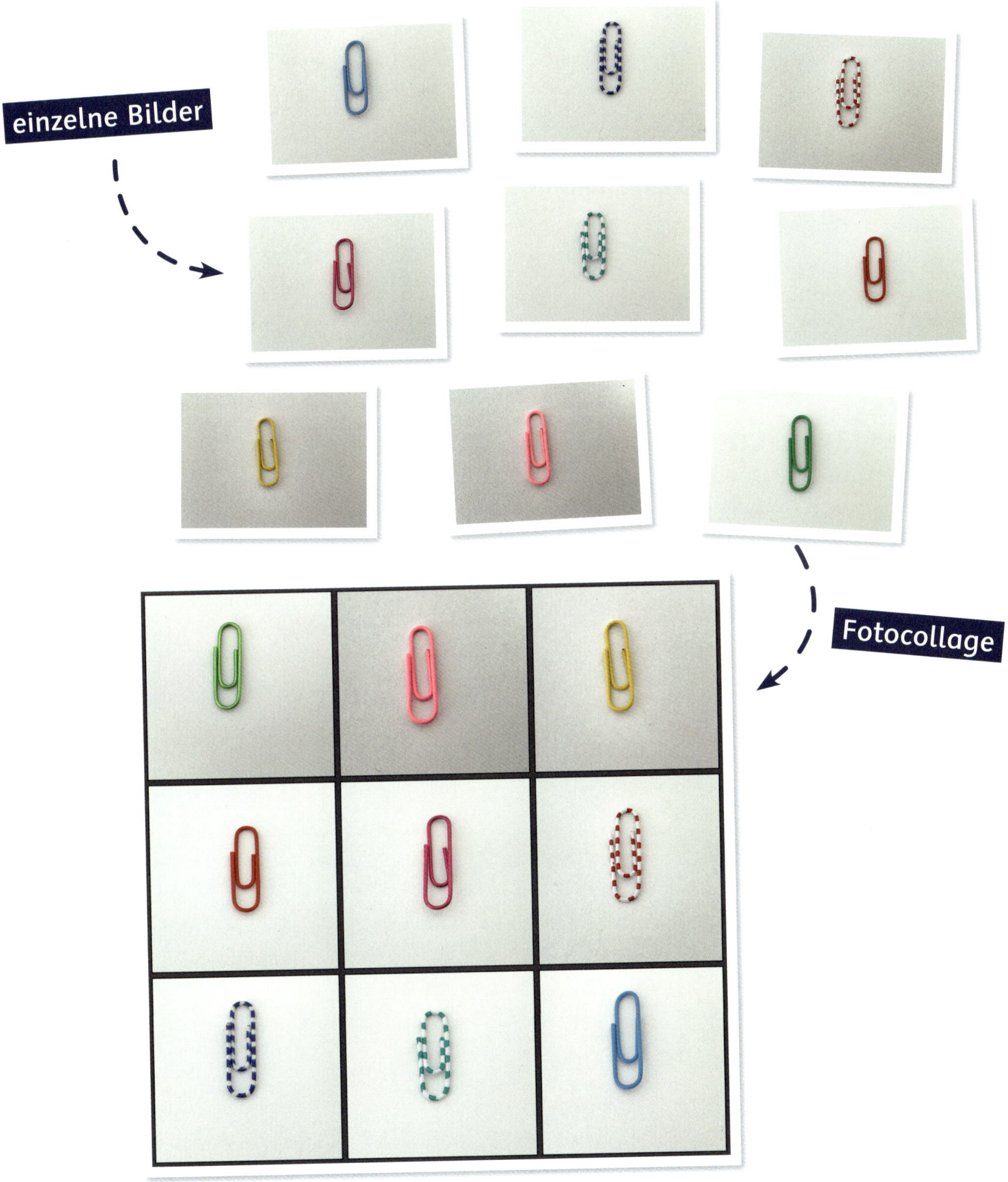

einzelne Bilder

Fotocollage


Illustrationen: Bettina Weyland | ISBN 978-3-8346-4431-2| www.verlagruhr.de

# Fotocollagen mit der App *„FotoRus"* (2/2)

**Du brauchst:**

- ✔ Tablet/Handy mit bis zu 10 verschiedenen Fotos
- ✔ Tablet/Handy mit der App „FotoRus"

**So geht es:**

1. Tippe auf die App **„FotoRus"**.
2. Tippe auf **Collage**.
3. Nun kannst du alle deine gemachten Fotos sehen. Wähle bis zu 10 Fotos aus, indem du sie antippst. Es können aber auch weniger sein.
4. Tippe dann auf **Start**.
5. Deine Fotos erscheinen gesammelt als Collage. Unter **Grid** (Stilarten) sowie **Magazine**, **Free** und **Stripes** kannst du die Anordnung deiner Fotos ändern.
6. Wenn du auf die **Quadrate/Effekte** und **Hintergrund** tippst, kannst du die Rahmengröße verstellen und die Hintergrundfarben sowie Muster verändern.
7. Wenn du mit der Gestaltung zufrieden bist, tippe auf das Foto. Nun erscheint unten eine *Leiste*, mit der du deine Collage weiterbearbeiten kannst.
   Du kannst unter **Filter** die Farbe ändern, einen Text, Sticker und vieles mehr einfügen. Wenn du willst, kannst du selbst etwas dazu zeichnen, wenn du auf **Draw** tippst.
   Probiere die verschiedenen Möglichkeiten aus.
   Wenn du etwas rückgängig machen möchtest, findest du immer einen Pfeil zurück.
   Jede Bearbeitung, die du speichern möchtest, musst du mit dem *Häkchen* bestätigen.
8. Bist du ganz fertig und möchtest deine Collage endgültig speichern, tippe auf **Done**, dann auf das *Häkchen oben rechts* in der Ecke.
   Nun findest du dein Foto im **Fotoalbum** deines Gerätes wieder.
9. Du kannst eine neue Collage beginnen, wenn du auf **Done** klickst.



ISBN 978-3-8346-4431-2| www.verlagruhr.de

# 6. Fertige Fotos – *und dann?*

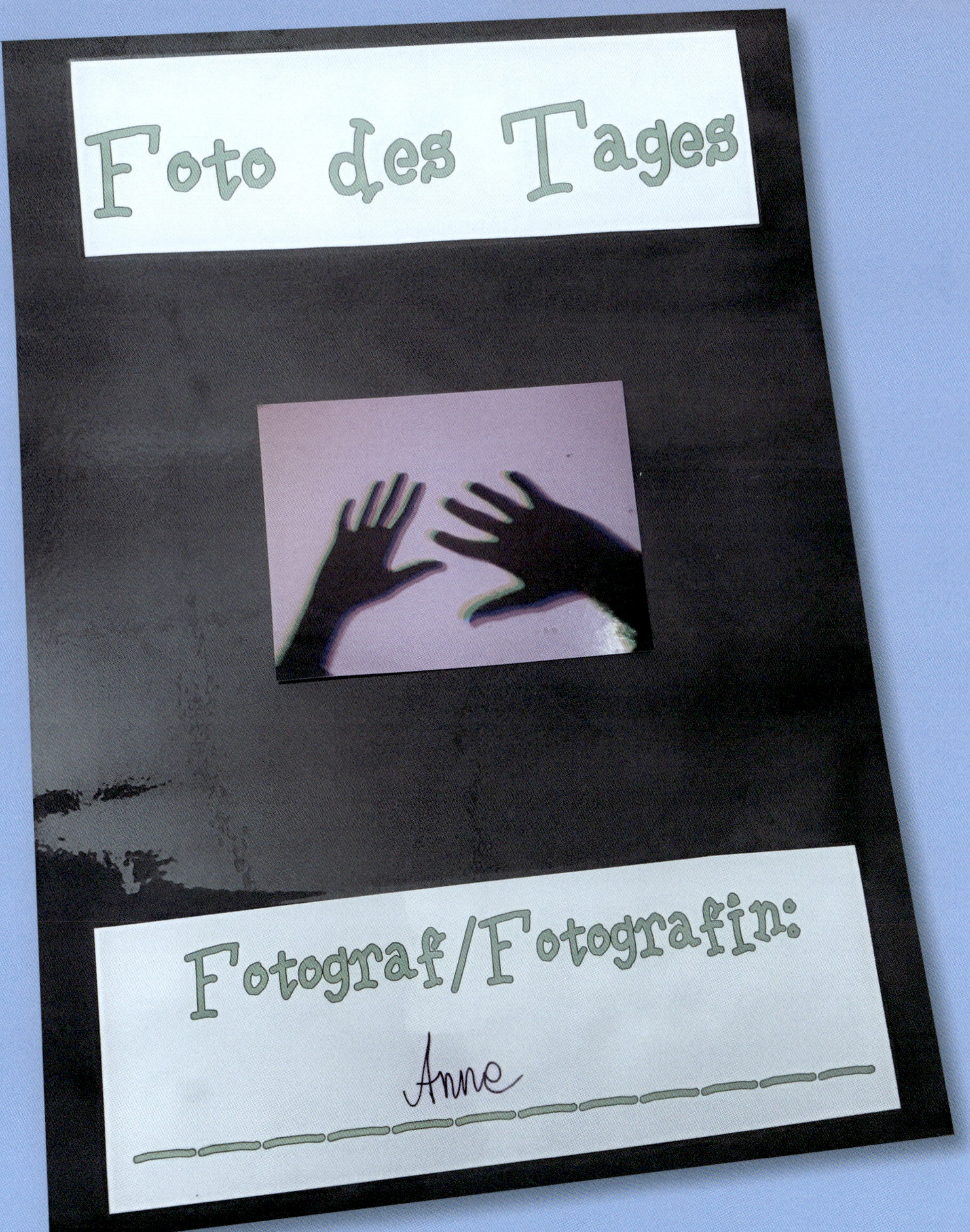

# Titel gesucht

☺/☺☺/☺☺☺

Klasse 1–4

Überlege dir für dein Foto einen Titel und verrate so noch mehr über deine Ideen!

**Du brauchst:**

- ✔ fertiges Foto
- ✔ Titelschild (unten)
- ✔ Stift
- ✔ Schere

**Mein Tipp**

Natürlich kannst du für mehrere Fotos einen Titel suchen!

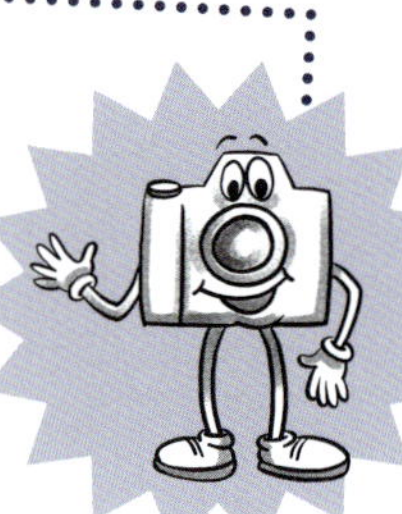

**So geht es:**

1. Schaue dir dein Foto noch einmal genau an.
2. Überlege, welche Titel zu deinem Foto besonders gut passen würden.
3. Schreibe den besten Titel in das Titelschild.
4. Schneide das Schild aus.
5. Präsentiere dein Foto mit dem Titelschild in der Klasse.

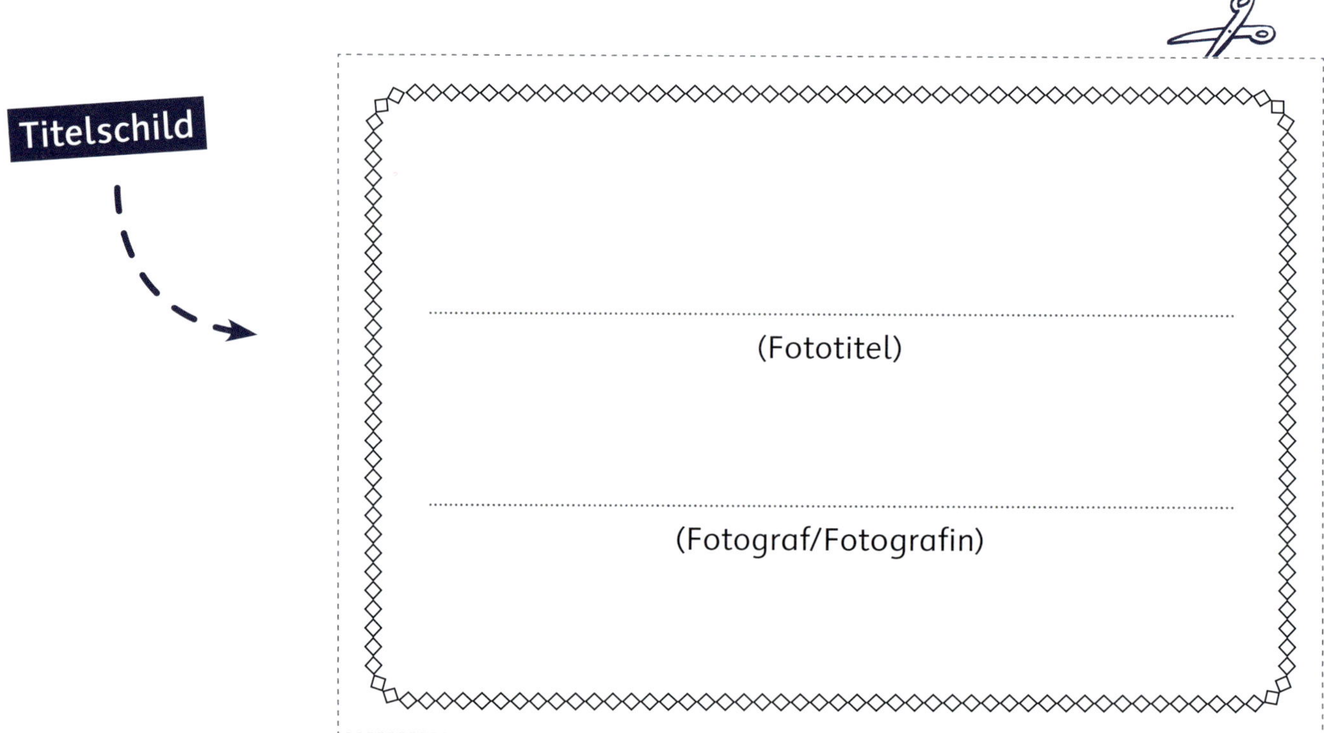





Illustrationen: Bettina Weyland | ISBN 978-3-8346-4431-2| www.verlagruhr.de

# Foto-Tagebuch



Foto-Tagebücher bieten eine tolle Möglichkeit, die Fotoarbeiten der Kinder zu sammeln. Sie dokumentieren die fotografische Arbeit der Kinder, ihre Entwicklung im Laufe der Auseinandersetzung und halten gemachte Erfahrungen dauerhaft fest. Mit Titel, Datum, kleinen Texten u.v.m. ergänzt, entstehen Produkte des individuellen Ausdrucks.
Als Foto-Tagebuch können Sie echte Fotoalben nehmen. Ebenso eignen sich ansprechend aussehende Ringbücher, die mit DIN-A4-Blättern (160 g) bestückt werden. Dickere Papiere können auch mit einer Spiralbindemaschine zusammengebunden werden und als Tagebuch dienen.

Im Folgenden finden Sie eine fertige Tagebuchseite, die Sie in entsprechender Anzahl und Größe einfach kopieren können. Zudem finden Sie einige Gestaltungselemente, aus denen sich die Kinder passende Darstellungen auswählen können. Mit Sprechblasen, Satzstreifen etc. können dann eigene Fotoseiten gestaltet und kommentiert werden.

Wenn Sie das Tagebuch schon zu Beginn der 1. Klasse einführen wollen, können Sie die Dokumentationen für die Kinder ergänzen oder ältere Kinder, in der Funktion von Fotografenpat*innen, um Hilfe bitten.

**Mein Tipp**

Kopieren Sie die Gestaltungselemente und Textstreifen auf selbstklebendes Druckerpapier. Dann können die Kinder sie noch besser auf ihre Fotos und Seiten kleben.

# Foto-Tagebuchseite

Foto hier einkleben!

**Fototitel:** ..............................

**Aufnahmedatum:** ..............................

**Mein Fotopartner/meine Fotopartnerin:** ..............................

**Daran möchte ich mich erinnern:**

..............................

..............................

..............................

..............................




Illustration: Bettina Weyland | ISBN 978-3-8346-4431-2| www.verlagruhr.de

# Foto-Tagebuch: *Ausschneidebogen*

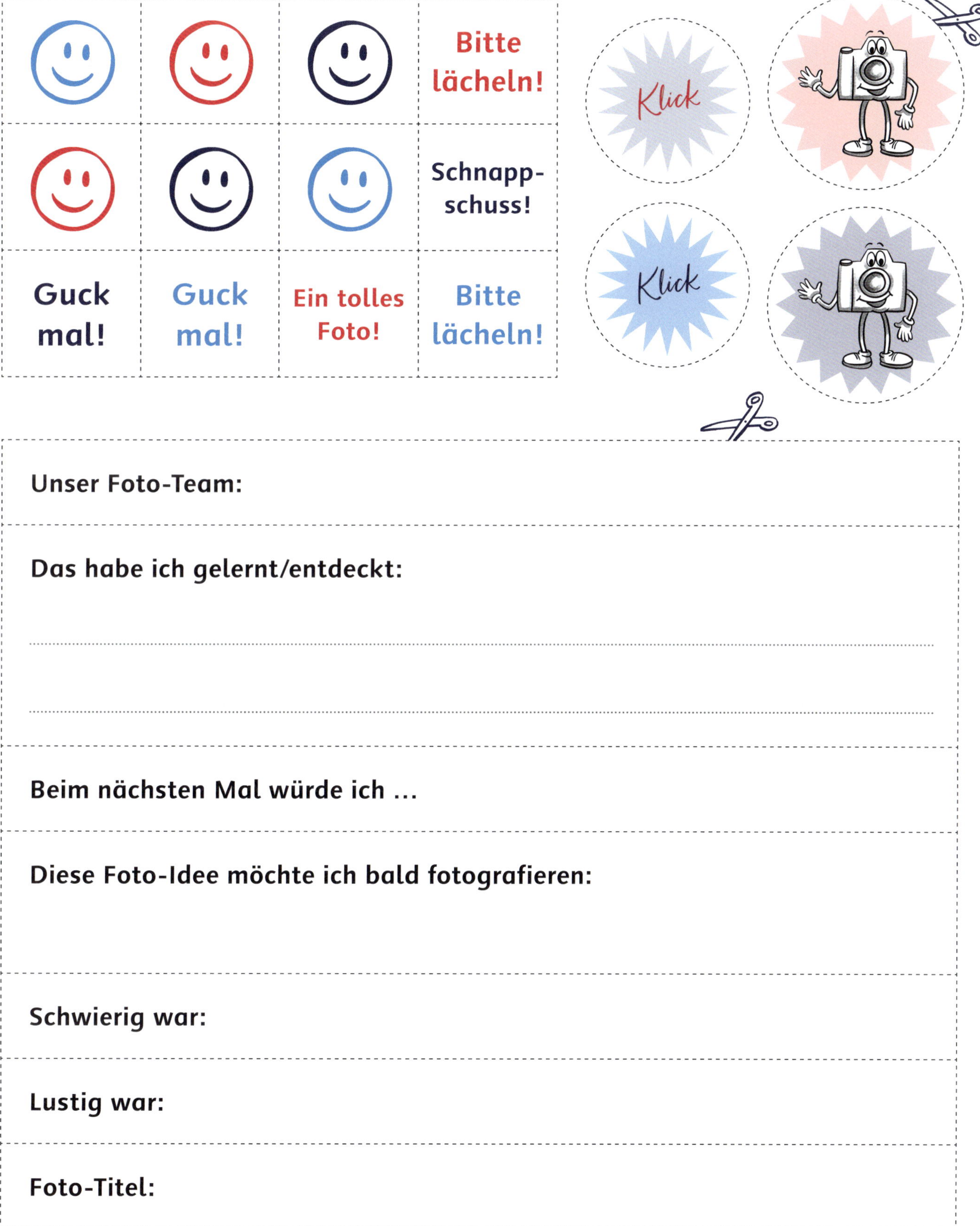



Illustrationen: Bettina Weyland | ISBN 978-3-8346-4431-2| www.verlagruhr.de

# Der Fotowürfel

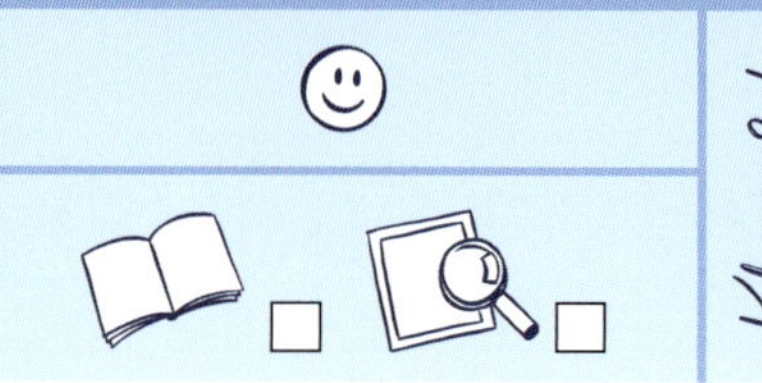

Klasse 2-4

Damit deine Fotos von anderen betrachtet werden können, kannst du mit deinen Fotos einen Fotowürfel bekleben.

**Du brauchst:**

- ✔ 5 fertige Fotos (ca. 9 x 13 cm)
- ✔ *Der Fotowürfel: Ausschneidebogen (S. 83),* mindestens auf DIN-A3-Karton (160 g) vergrößert
- ✔ Schere
- ✔ Kleber
- ✔ Stift
- ✔ ggf. Klebestreifen, Band

**So geht es:**

1. Schneide das Würfelnetz vom Ausschneidebogen an den gestrichelten Linien aus.
2. Falte alle Linien einmal gut nach hinten und wieder zurück. Lege das Würfelnetz flach vor dich hin.
3. Beklebe dann jede Würfelseite mit einem Foto. Schneide deine Fotos kleiner, wenn sie zu groß sind.
4. Schreibe in das letzte freie Quadrat deinen Namen. Vielleicht schreibst du noch einen Titel oder etwas, was dir wichtig ist, dazu.
5. Klebe deinen Fotowürfel an den Klebeflächen zusammen.
6. Wenn du möchtest, kannst du noch ein Band an dem Würfel befestigen und ihn aufhängen.

**Mein Tipp**

Fotowürfel sehen auch toll aus, wenn du sie mit deinen Lieblingsfotos, Fotos einer Farbe oder verschiedenen Mustern beklebst.






Illustrationen: Bettina Weyland | ISBN 978-3-8346-4431 2| www.verlagruhr.de

# Der Fotowürfel: *Ausschneidebogen*

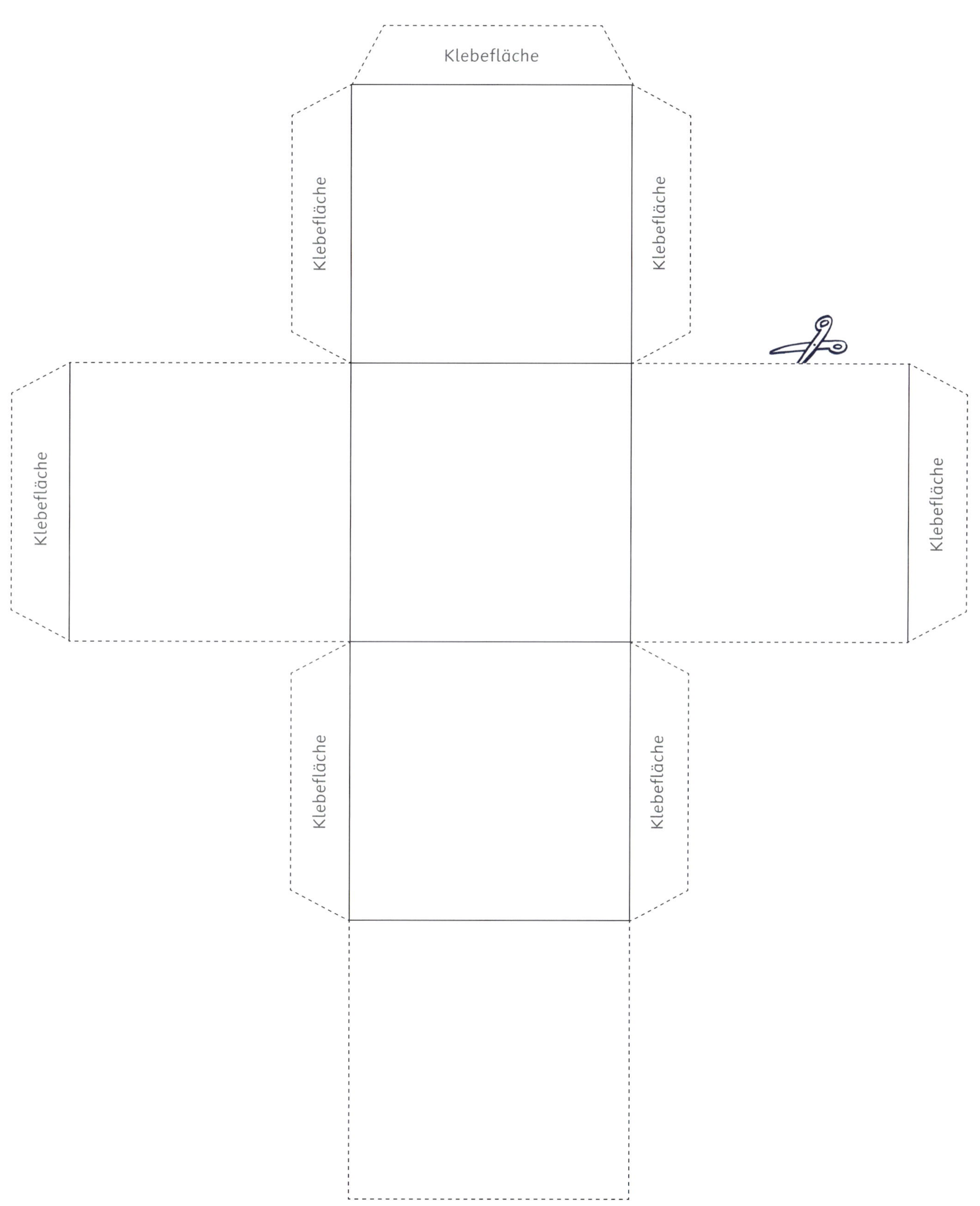



ISBN 978-3-8346-4431-2| www.verlagruhr.de

# Fotopärchen-Spiel



Viele der hier im Buch genannten Aufgaben bieten tolles Fotomaterial, um daraus ein Fotopärchen-Spiel zu basteln.
Die so entstandenen Klassenspiele machen Spaß, schulen den fotografischen Blick, würdigen die fotografierten Ergebnisse und fördern den Gemeinschaftssinn.
Erst mit den Fotos aller Kinder wird das Spiel zur Herausforderung und besonders bunt. Dabei kann man den Schwierigkeitsgrad optimal durch die Menge der Karten für die unterschiedlichen Klassenstufen anpassen.
Lassen Sie das Spiel von den Kindern selbst basteln (siehe nächste Seite).
Ganz klassisch können immer zwei identische Fotos als Paar ausgewählt werden.
Spaß macht es besonders, wenn dafür Fotoergebnisse des Angebots *Spaß-Fotos mit Lupe (S. 52)* oder aus dem Bereich der Trickfotografie (S. 63–69) genommen werden.
Wenn man aber den fotografischen Blick noch mehr herausfordern und den Schwierigkeitsgrad erhöhen möchte, eignen sich die Fotos folgender Aufgaben gut:

- ➜ *Ganzes oder Detail? (S. 21)*
- ➜ *Schattenfotos (S. 29)*
- ➜ *Cool – Verwackelt! (S. 31)*
- ➜ *Ein Farb-Fototrick der Werbung (S. 40)*
- ➜ *Mein zweites Gesicht – Rollage (S. 55)*

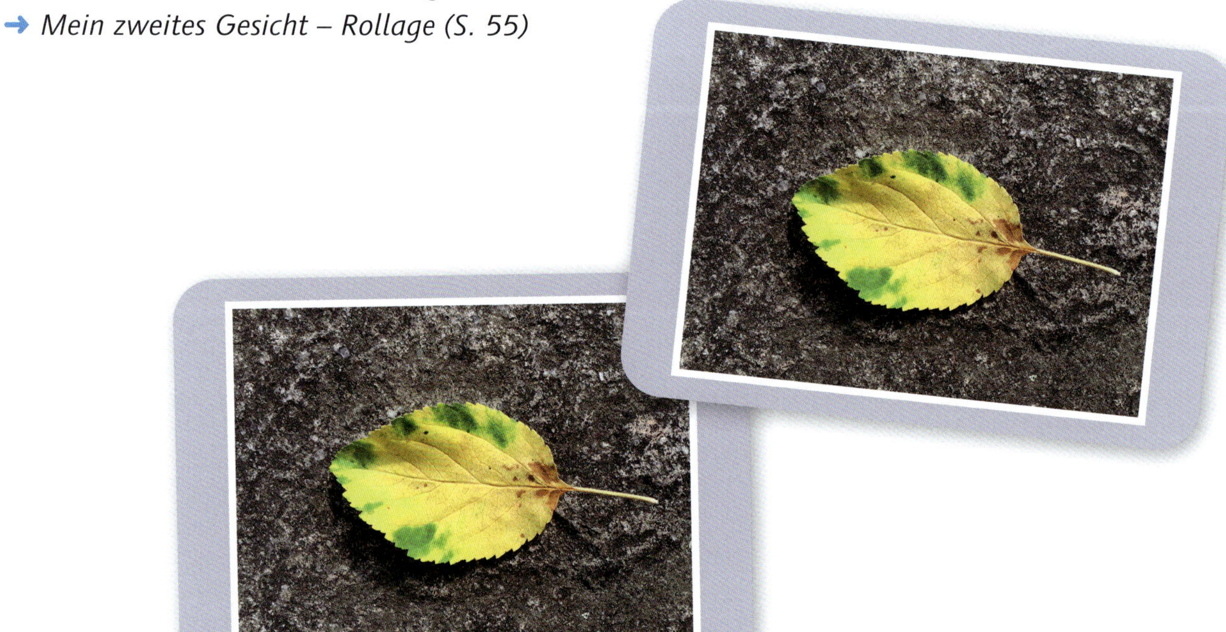

# Fotopärchen-Spiel:
## *Anleitung*

☺☺/☺☺☺ Klasse 1–4

Bastelt aus euren Fotos ein Fotopärchen-Spiel!

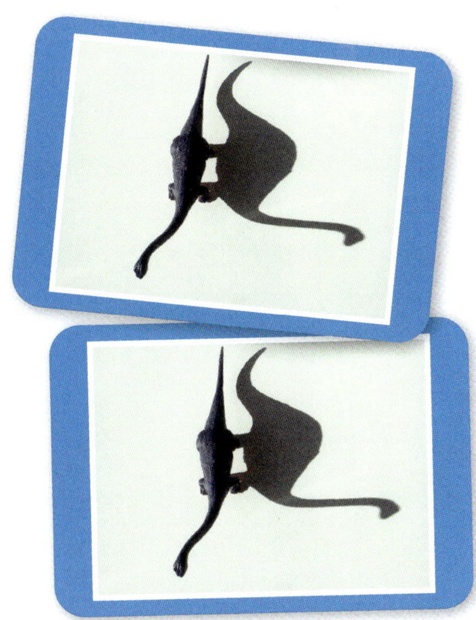

**Ihr braucht:**

- ✔ fertige Fotos (passende Paare im kleinsten Format 9 x 13 cm)
- ✔ farbigen DIN-A4-Karton (120 g)
- ✔ Schere
- ✔ Kleber
- ✔ Kiste/Schachtel zur Aufbewahrung der Spielkarten
- ✔ eventuell Laminierfolie und Laminiergerät

**So geht es:**

1. Schneidet mehrere farbige Papiere in 4 gleich große Teile: Dies sind eure Spielkarten.

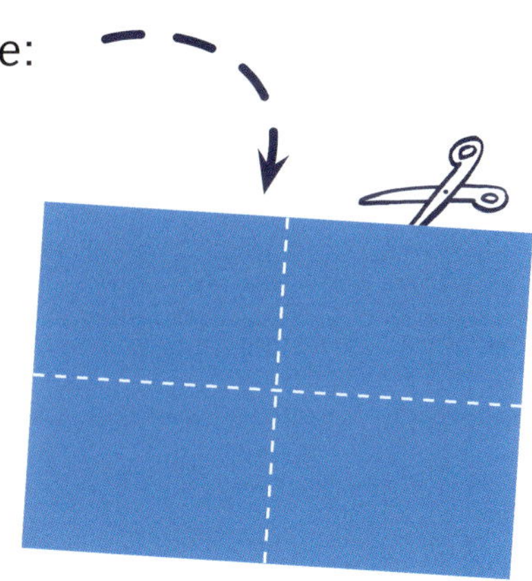

2. Schneidet dann die Fotos passend zurecht, sodass sie etwas kleiner sind als eure Spielkarten.
3. Klebt sie auf die Spielkarten.
4. Wenn ihr wollt, könnt ihr die Karten anschließend noch laminieren und erneut ausschneiden. Rundet die Ecken der laminierten Karten mit der Schere noch etwas ab.
5. Bewahrt die Karten in einer kleinen Kiste oder in einer Schachtel in der Klasse auf.
6. Spielt euer Fotopärchen-Spiel nach den bekannten Memoryregeln.

**Mein Tipp**

Wenn ihr mehrere verschiedene Fotopärchen-Spiele basteln wollt, klebt sie auf unterschiedlich farbiges Papier. So könnt ihr ein verloren gegangenes Kärtchen schnell dem richtigen Spiel zuordnen.


Illustrationen: Bettina Weyland | ISBN 978-3-8346-4431-2| www.verlagruhr.de

# Foto des Tages



*Täglich* darf ein anderer Fotograf oder eine andere Fotografin sein/ihr Lieblingsfoto oder ein Foto zu einer bestimmten Thematik vorstellen und es zum kurzen Unterrichtsgespräch machen. Dabei können Sie die Impulse und Fragestellungen (siehe unten) unterstützend einsetzen. Diese Idee eignet sich besonders, wenn Sie wenig Ausstellungsfläche zur Verfügung haben, aber trotzdem alle Kinderergebnisse würdigen wollen.

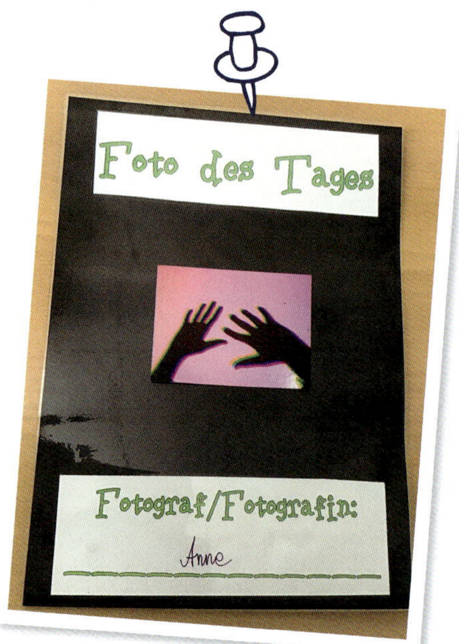


**Sie brauchen:**

- 1 Bogen farbigen Tonkarton in DIN A3
- 1 weißen Papierstreifen mit der Aufschrift „Foto des Tages"
- 1 weißen Papierstreifen mit der Aufschrift „Fotograf/Fotografin:"
- Laminierfolie (DIN A3) und Laminiergerät
- Fotoecken oder Kleberöllchen
- wasserlöslichen Folienstift

**So geht es:**

1. Kleben Sie die Papierstreifen mit den Aufschriften wie im Beispiel oben auf den Tonkarton.
2. Laminieren Sie den gesamten Bogen.
3. Hängen Sie das Plakat in Ihre Klasse, z. B. an die Tafel.
4. Zu festgelegten Zeiten (z. B. als Anfangsritual, Start in den Kunstunterricht, Tagesabschluss) darf ein Fotografenkind mithilfe der Fotoecken oder Kleberöllchen ein Foto dort befestigen und seinen Namen dazuschreiben.
5. Das Foto wird betrachtet, besprochen sowie mit Applaus gewürdigt.

## Impulse und Fragestellungen

- Wie hast du das Foto gemacht?
- Worauf hast du beim Fotografieren geachtet?
- Welche Schwierigkeiten ergaben sich beim Fotografieren?
- Was gefällt dir gut/weniger gut?
- Das Besondere an meinem/dem Foto ist …
- Mein Foto erzählt folgende Geschichte …
- Aus welcher Perspektive wurde fotografiert?
- Was erkennst du auf dem Foto?
- Wo wurde das Foto gemacht?
- Was findest du auf dem Foto besonders gelungen?
- Gib dem Foto einen Titel!
- Ich würde das Foto kaufen, weil …
- Wenn ich das Foto ansehe, fühle ich mich …
- Die Wahl des Formates finde ich …, weil …
- Für das nächste Fotoshooting hätte ich folgenden Tipp …

# Ideenbörse

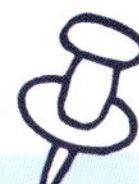

Kein Platz an der Wand? Spannen Sie eine **Foto-Leine** durch die Klasse und fixieren Sie die Fotos mit Wäscheklammern daran.

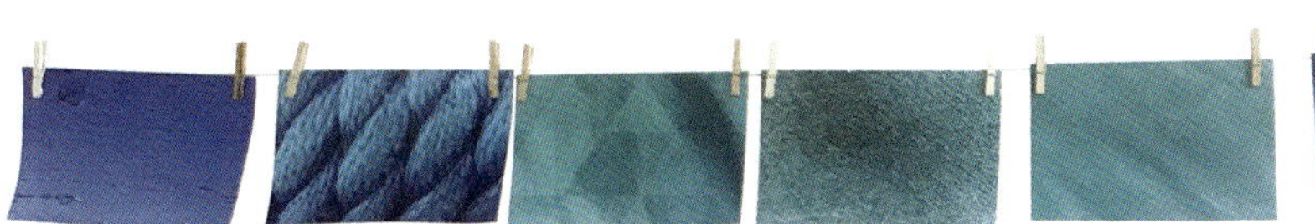

Befestigen Sie ansprechende, breitere **Schleifenbänder** mit einem kleinen Nagel in der Wand und klammern rechts und links die Fotos mit **Wäscheklammern** an.

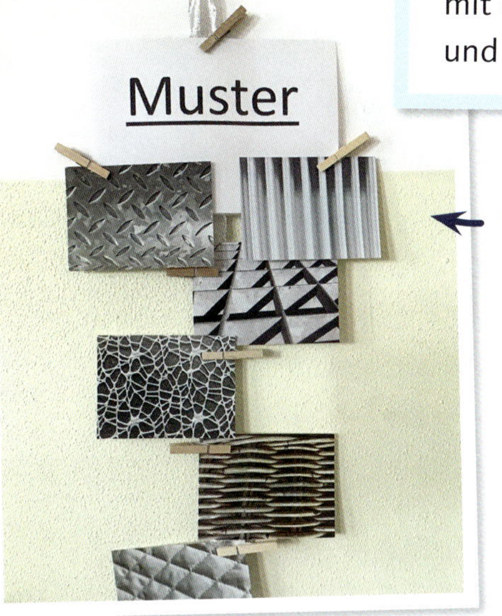


Fotos können auch gut als **Fensterdekoration** dienen. Kleben Sie dazu immer zwei Fotos mit den Rückseiten aneinander und dekorieren Sie Ihre Fenster damit. Von innen und außen kann man die Werke dann bestaunen.

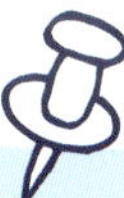

Eine Fotocollage (S. 75) aus mehreren Fotos kann als Vorlage für ein **Fotopuzzle** dienen. Entweder Sie lassen es über einen Fotodienst herstellen oder basteln es selbst. Dazu wird das Foto auf Pappe geklebt, laminiert und anschließend in verschiedene Einzelteile zerschnitten.

Gestalten Sie mit den Fotos der Kinder einen **Jahreskalender** als Geschenk zu Weihnachten oder als Glücksbringer für das neue Jahr. So werden die Fotos sinnvoll weitergenutzt und finden auch zu Hause eine angemessene Würdigung.

Bewahren Sie nicht mehr benötigte Fotos in einer **Foto-Kiste** auf und legen Schreibpapier dazu. So können die Fotos als Grundlage für einen Schreibanlass dienen. Genauso gut können sie im Kunstunterricht zum Weitermalen oder beim Basteln verwendet werden.

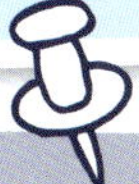

Präsentieren Sie die Fotos mithilfe eines **Beamers** zu Beginn oder am Ende eines Elternabends und machen so die fotografischen Aktivitäten Ihrer Kinder auch für die Eltern transparent. Hier könnte auch ein **digitaler Bilderrahmen** zum Einsatz kommen.

# Ideenbörse

**Fotobücher** mit den Fotos der Kinder können die Bücherecke bereichern.

Stellen Sie doch einige Fotos der Kinder auf der **Homepage** der Schule aus. Beachten Sie dabei aber bitte die Vorgaben zu den Bildrechten usw. Auf der *Seite 96 „Medientipps“* finden Sie eine Internetadresse zum Thema Bildrechte.

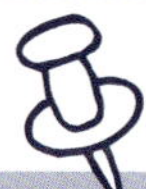

Eine **Fotoausstellung** im Schulgebäude an Elternabenden, Elternsprechtagen oder zu Schulfesten ist ein guter Rahmen, um die Arbeiten der Kinder zu präsentieren! Manchmal bieten auch Geschäfte, Büchereien oder soziale Einrichtungen vor Ort die Möglichkeit, dort Fotos auszustellen. Auch hier bitte die Vorgaben zu den Bildrechten usw. beachten!

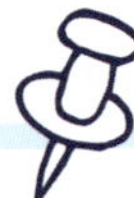

Die entstandenen Fotos können, ganz klassisch, in Form von **Fotowänden** in der Klasse präsentiert werden. Überlegen Sie dabei, welches Ziel Sie mit den Fotos verfolgen, was auf den Fotos dargestellt ist, ob ein einzelnes Foto betrachtet werden soll oder die Intention erst durch eine Vielzahl von Bildern ablesbar ist. Wenn Sie die Kinder *Auf Spurensuche (S. 26)* schicken, ist es sicherlich toll, Wände mit vielen Bildern – Foto an Foto – zu bestücken. Fotografierte Muster wirken als Menge ebenso toll wie alle gefundenen Farbspuren. Dann können zudem die Arbeiten vieler, vielleicht sogar aller Kinder, ausgestellt werden. Die Wirkung wird durch die große Anzahl verstärkt. Das Erfassen wird dann hauptsächlich auf das gestaltete Ganze gelenkt. Erst im zweiten Schritt wird diese Präsentationsform zum näheren Betrachten der eigentlichen Motive anregen.

Wenn Sie aber den Fokus auf einzelne Motive lenken wollen, sollten Sie die Fotos nicht in Masse, sondern wohlakzentuiert präsentieren. Ein vergrößertes Foto auf einem einfarbigen Papier präsentiert, im Sinne eines **Passepartouts**, wirkt als Einzelkunstwerk und lädt zum genauen Betrachten ein. Es erscheint wichtig und will eine Aussage machen. Ein ähnlicher Effekt wird ja auch durch einen Bilderrahmen erzielt.

Wenn die Passepartouts die gleiche Farbe haben, könnte ein einheitliches Thema der Fotos schnell assoziiert werden. Unterschiedliche Farben können auf verschiedene Themen hinweisen und die Fotos weniger als Einheit darstellen.

Da bei dieser Präsentation vermutlich aufgrund des erhöhten Platzbedarfs weniger Kinderarbeiten zur gleichen Zeit gezeigt werden können, müssen die Kinder wissen, dass die Bildauswahl regelmäßig gewechselt wird.

# 7. Vorlagen und *Unterrichtshilfen*

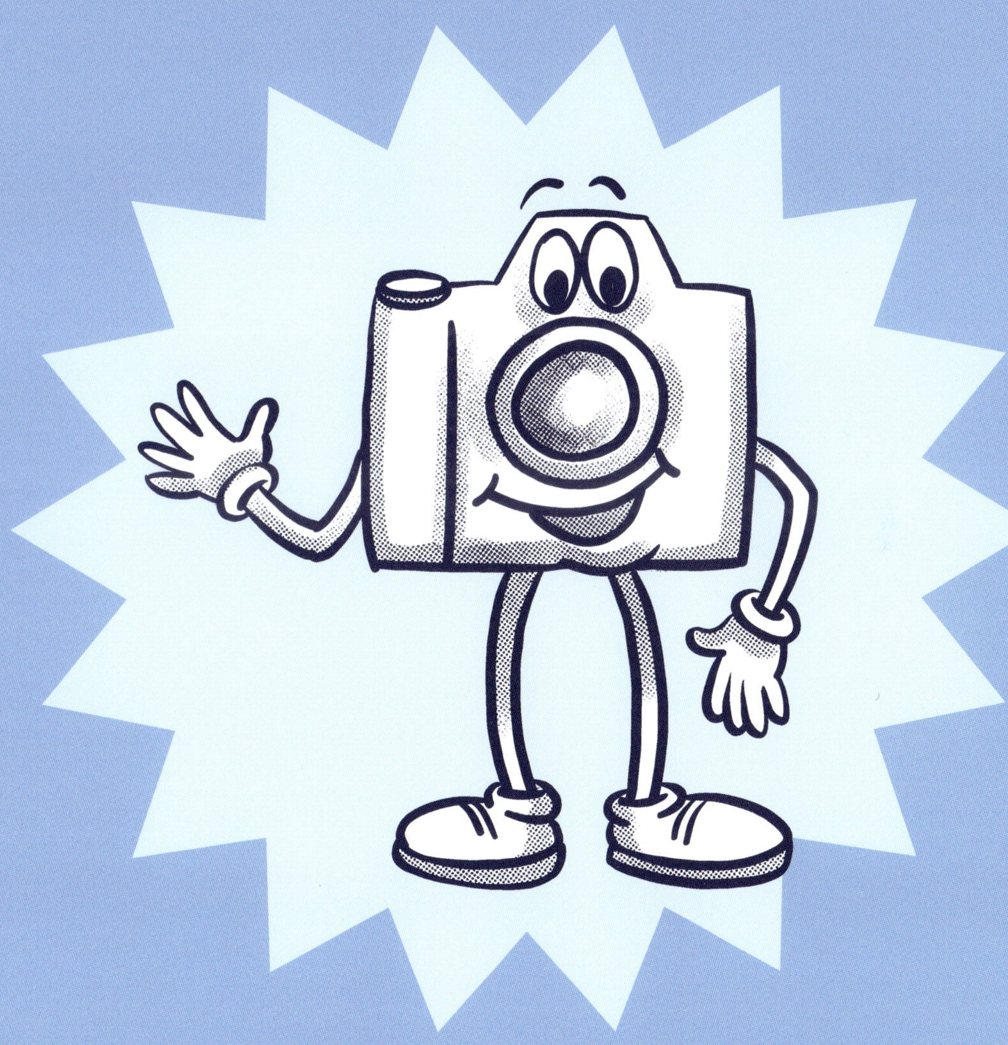

# Unsere Kamera-Regeln

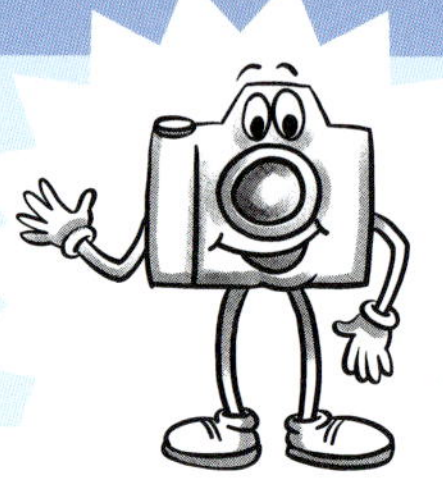

Klasse 1–4

Ein richtiger Fotograf oder eine richtige Fotografin weiß, wie man mit einer Kamera umgeht und wie man sich wie ein Profi verhält.

**Die Regeln geben dir einen Überblick:**

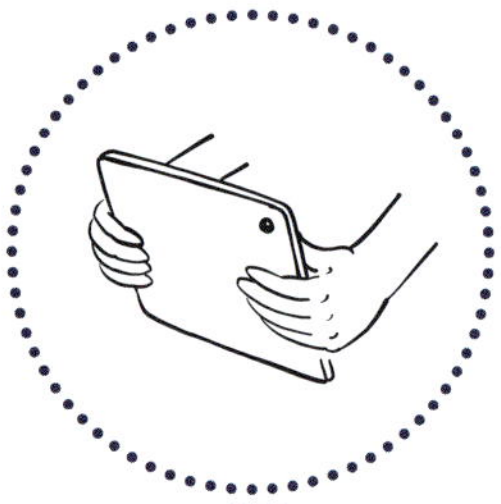

Ich halte die Kamera gut fest!

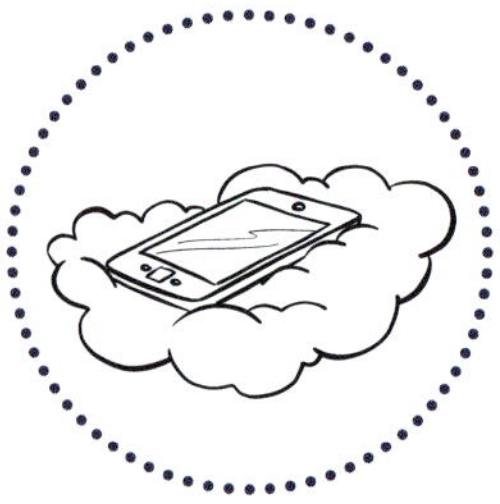

Ich lege die Kamera immer sicher weg!

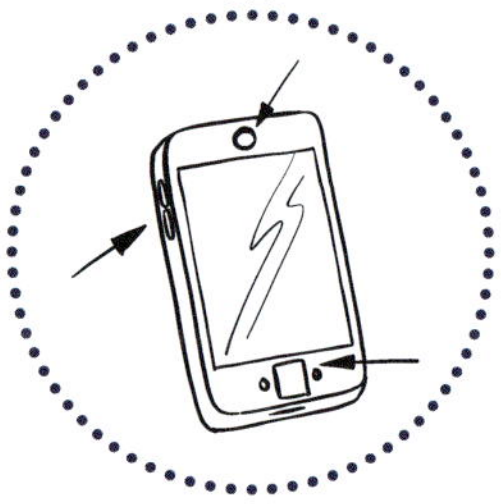

Ich informiere mich, wie die Kamera funktioniert!

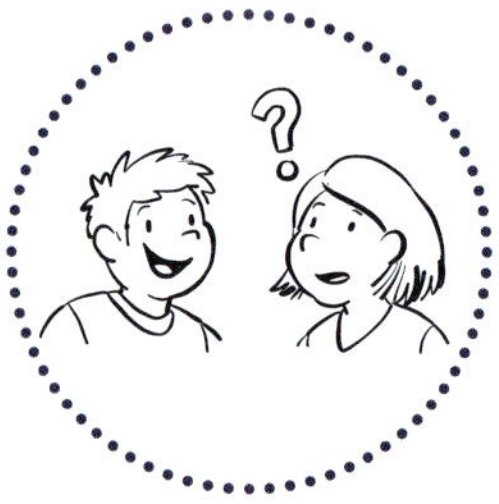

Wenn ich etwas nicht weiß, hole ich mir Hilfe!

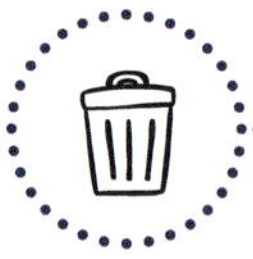

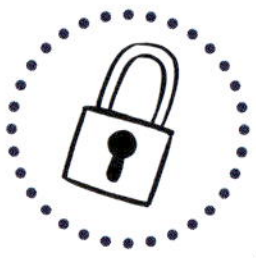

Ich denke an das richtige Sichern und Löschen!

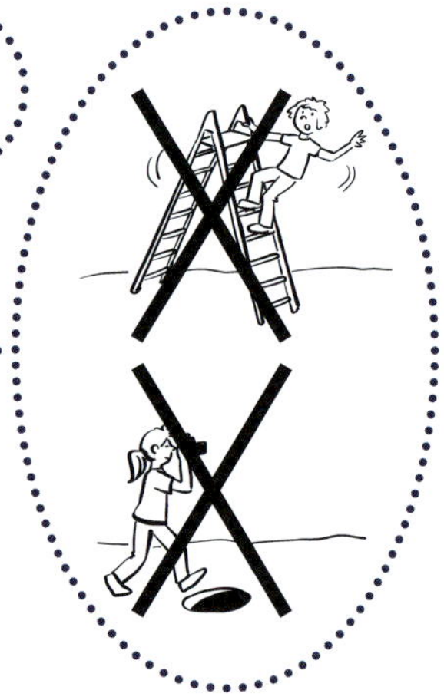

Ich sorge immer für meine eigene Sicherheit und achte auf meine Umwelt!

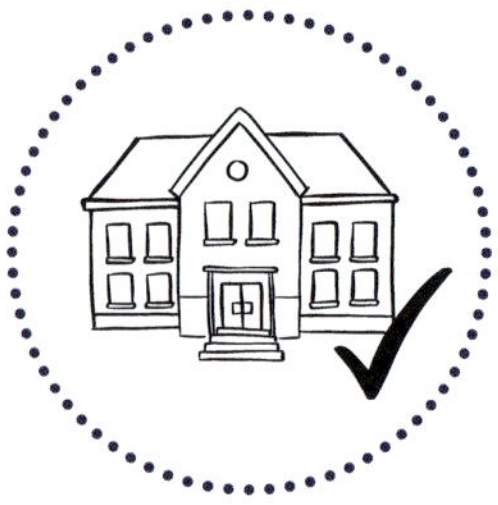

Ich halte die Schulregeln ein, wenn ich als Fotograf/Fotografin unterwegs bin!

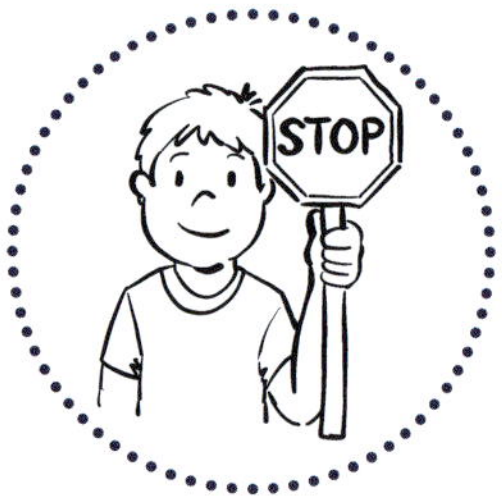

Ich beachte die Persönlichkeitsrechte!

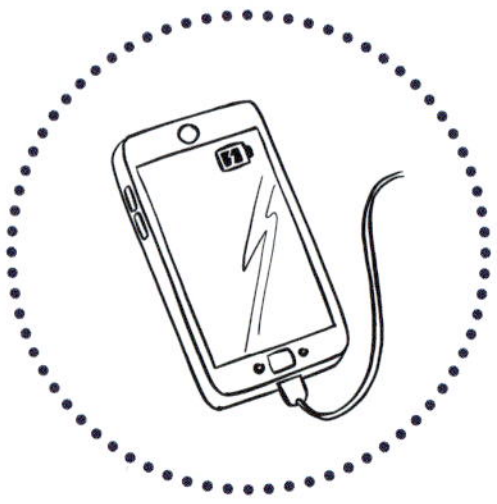

STOP

Ich überprüfe regelmäßig, ob ich die Kamera aufladen muss!




Illustrationen: Bettina Weyland | ISBN 978-3-8346-4431-2| www.verlagruhr.de

# Fotografen-Ausweis

Ein Ausweis ist ein wichtiges Dokument. Der Fotografen-Ausweis würdigt die Auseinandersetzung der Kinder mit dem Thema Fotografie und macht auch nach außen sichtbar, welche Qualifikationen die Kinder erworben haben.

**Sie brauchen:**

→ *Fotografen-Ausweis: Ausschneidebogen (S. 92)*
→ Kopierer
→ Stift
→ Schere
→ Kleber
→ ggf. Stempel und Stempelkissen

**So geht es:**

1. Kopieren Sie den Fotografen-Ausweis einmal.
2. Tragen Sie in die Felder die Aufgaben aus diesem Buch ein, die Sie mit Ihren Kindern bearbeiten wollen. Es müssen nicht alle Felder ausgefüllt werden. Der Ausweis kann sich auch gut im Laufe der Schulzeit immer mehr mit weiteren Themen füllen.
3. Kopieren Sie den Ausweis dann für alle Kinder Ihrer Klasse und schneiden ihn aus.
4. Kleben Sie den Ausweis in der Mitte zusammen und falten ihn zu einem Buch.
5. Immer wenn die Kinder eine Foto-Aufgabe erfolgreich erledigt haben, können Sie mit Ihrer Unterschrift sowie dem Datum – oder einem netten Stempel – die Arbeit bestätigen.
6. Im letzten großen Feld auf der Rückseite können Sie die Arbeit der Kinder insgesamt würdigen oder noch weitere Felder für Foto-Aufgaben ergänzen.

**Mein Tipp**

Natürlich können Sie das Basteln des Ausweises auch in die Hand Ihrer Kinder geben! Mit einem Foto des Fotografenkindes (S. 48 oder S. 53) auf der Vorderseite wirkt alles noch viel echter!

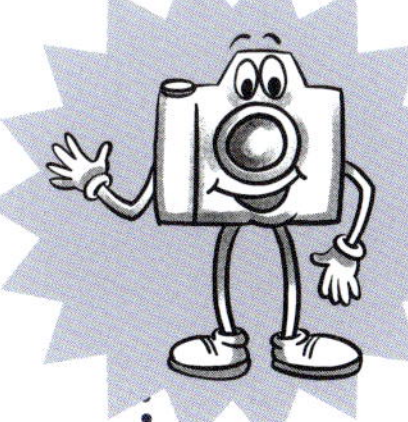

# Fotografen-Ausweis:
*Ausschneidebogen*



Platz
für ein Foto

## Fotografen-Ausweis

von

© Bettina Weyland

Foto-Aufgabe:

Erledigt:

Foto-Aufgabe:

Erledigt:

Foto-Aufgabe:

Erledigt:

Foto-Aufgabe:

Erledigt:

Foto-Aufgabe:

Erledigt:

Foto-Aufgabe:

Erledigt:

Foto-Aufgabe:

Erledigt:

Foto-Aufgabe:

Erledigt:



Illustration: Bettina Weyland | ISBN 978-3-8346-4431-2| www.verlagruhr.de

# Foto-Check-Karte

Mithilfe der Foto-Check-Karte können die Kinder selbstständig ihre selbst erstellten Fotos kontrollieren, ihre Ergebnisse reflektieren, den eigenen Blick optimieren und dann ggf. gezielter weiterarbeiten. Gleichzeitig bietet die Foto-Check-Karte eine gute Grundlage für Gespräche mit einem Partner oder einer Partnerin oder in der Gruppe.

Ebenso kann die Foto-Check-Karte Unterrichtsgespräche unterstützen und die Kinder in ihren Argumentationen sprachlich und fachlich weiterbringen. Die Karte bietet im unteren Teil ein wenig Platz, um Ideen und weitere Verbesserungsvorschläge während des Foto-Checks zu notieren.

**Sie brauchen:**

- → *Foto-Check-Karte: Ausschneidebogen (S. 94)*
- → farbiges, möglichst leuchtendes Papier
- → Laminiergerät und Laminierfolie
- → Schere
- → wasserlösliche Folienstifte zur Arbeit mit der Karte für die Kinder

**So geht es:**

1. Kopieren Sie die Foto-Check-Karte in ausreichender Menge auf farbiges Papier.
2. Laminieren Sie die Karten für den mehrfachen Gebrauch und schneiden Sie sie aus.
3. Stellen Sie die Foto-Check-Karten in der Klasse griffbereit zur Verfügung, sodass die Kinder sie sich bei Bedarf nehmen können.

**Mein Tipp**

Arbeiten Sie vermehrt an Fotoaufgaben, können Sie die Foto-Check-Karte zusätzlich noch in vergrößerter Form im Klassenraum als Erinnerungshilfe aufhängen.

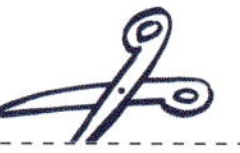

# Foto-Check-Karte

Hast du die Fotoaufgabe richtig umgesetzt? ➜ . . . . . . . . . . ◯

Ist alles auf dem Foto zu sehen? ➜ . . . . . . . . . . . . . . ◯

Sind die Fotos scharf genug? ➜ . . . . . . . . . . . . . . . ◯

Stört nichts im Hintergrund? ➜ . . . . . . . . . . . . . . . ◯

Ist die Helligkeit passend? ➜. . . . . . . . . . . . . . . . . ◯

Ist die Größe / das Format passend? ➜ . . . . . . . . . . . ◯

Ist dein Motiv das Wichtigste auf dem Foto? ➜ . . . . . . . . ◯

Stimmt die Perspektive, aus der du fotografiert hast? ➜. . . . ◯

**Zusatz Check-up für Porträtfotos:**

Magst du das Foto von dir? ➜ . . . . . . . . . . . . . . . . . ◯

Ist deine Pose (Körperhaltung) passend? ➜ . . . . . . . . . . ◯

Guckst du richtig? ➜. . . . . . . . . . . . . . . . . . . . . . ◯

......................................................................

......................................................................

......................................................................





© Verlag an der Ruhr | Autorin: Stephanie Cech-Wenning
ISBN 978-3-8346-4431-2| www.verlagruhr.de

# Foto-Jobs

Um Arbeitsaufgaben klar verteilen zu können, die Selbstorganisation der Kinder zu unterstützen und ggf. auftretende Streitigkeiten im Vorfeld zu reduzieren, können Sie in Ihrem Unterricht Foto-Jobs an die Kinder verteilen.

**Sie brauchen:**

- → *Foto-Job-Schilder* (siehe unten)
- → Laminierfolie und Laminiergerät
- → Schere
- → kleine Kiste zur Aufbewahrung
- → verschiedenfarbige Wäscheklammern

**So geht es:**

1. Kopieren Sie die verschiedenen Job-Schilder in ausreichender Menge.
2. Laminieren Sie die Schilder und schneiden sie aus.
3. Kleben Sie die einzelnen Kärtchen auf die Wäscheklammern. Nehmen Sie für jeden Job eine andere Farbe, damit man schon von Weitem weiß, welche Rolle die Kinder übernommen haben.

## Foto-Job-Schilder

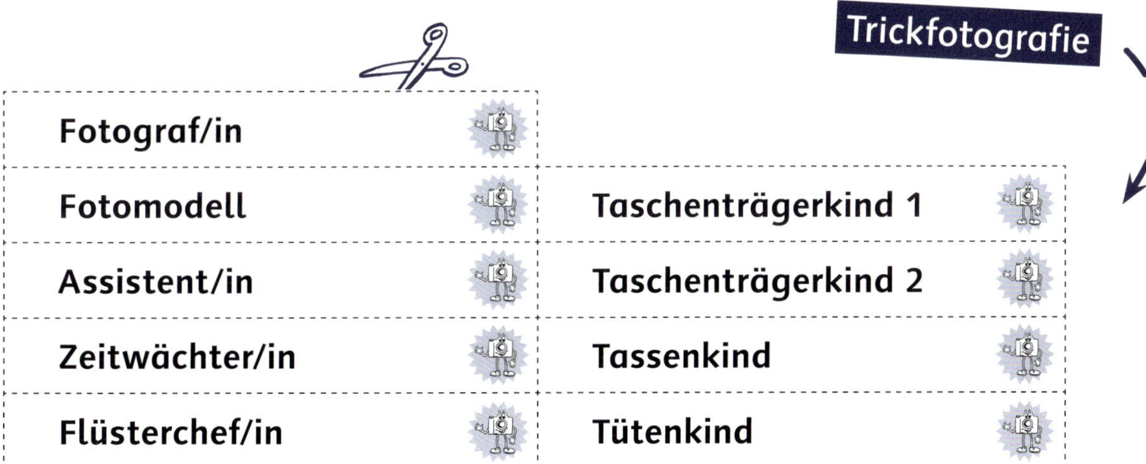





Illustrationen: Bettina Weyland | ISBN 978-3-8346-4431-2| www.verlagruhr.de

# Medientipps

## Literatur

*Albers, Kirsten:*
**Handlettering in der Schule.**
Einfache Schriften und Doodles für Kinder ab Klasse 3.
Verlag an der Ruhr, 2019.
ISBN 978-3-8346-3961-5

*Ebert, Michael; Abend, Sandra:*
**Fotografieren für Kids:**
Kinder entdecken die Welt der Fotografie und wie man die Welt fotografiert. 7–13 Jahre.
dpunkt. verlag GmbH, 2019.
978-3-86490-678-7

*Madreiter, Ela:*
**Kreative 3D-Kunst.** Mit kindgerechten Projekten das räumliche Wahrnehmungsvermögen trainieren. Klasse 1–4.
Verlag an der Ruhr, 2020.
ISBN 978-3-8346-4279-0

*Mante, Harald:*
**Die Fotoserie.**
*Besser fotografieren durch serielles Arbeiten.*
dpunkt. verlag GmbH, 2014.
ISBN 978-3-86490-210-9

*Pigband Borste:*
**Von Klangräumen zu Künstlerträumen.**
Inspirierende Musik für den Kunstunterricht.
Klasse 1–4. Verlag an der Ruhr, 2020.
ISBN 978-3-8346-4175-5

## Internet

**www.klicksafe.de**
Eine sehr umfangreiche und informative Seite zum Thema Medien.
Hier finden Sie ein PDF von
*Dr. Till Kreutzer, Stefanie Rack, Marco Fileccia:*
**Nicht alles, was geht, ist auch erlaubt.**
Downloaden, tauschen, online stellen – Urheberrecht im Alltag. Materialien für den Unterricht.

**www.filmothek-nrw.de**
Gehen Sie auf dieser Seite auf:
Tutorials → **„klicken! gestalten! entdecken!"** und dann auf das PDF Medienbereich: **FOTO**
herausgegeben von
*Filmothek der jugend NRW e. V., 2017.*
Hier finden Sie weitere Anregungen, wie man auch schon junge Kinder an das Thema Fotografie heranführen kann.

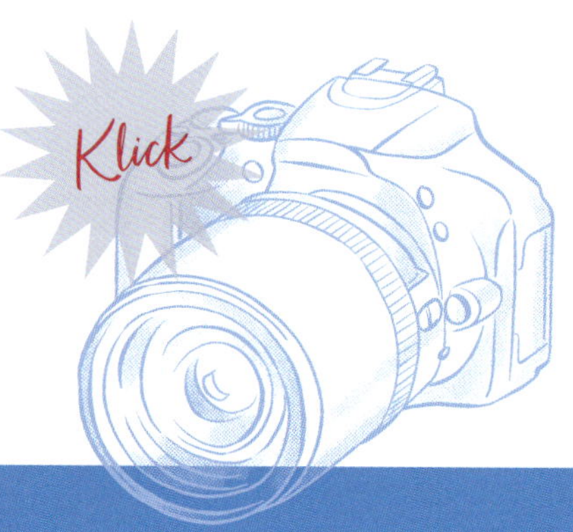